1

초판 1쇄 찍은날 2025년 12월 19일
초판 1쇄 펴낸날 2025년 12월 25일

글 이서윤
펴낸이 서경석
총괄 서기원 **책임편집** 배현아 서지혜 손다인 황창선
기획·마케팅 박문수 **디자인·제작** 이문영

펴낸곳 도서출판청어람
출판등록 1999년 05월 31일(제38-7-1999-000006호)

주소 서울특별시 구로구 디지털로272, 404호
전화 02-6956-0531
팩스 02-6956-0532
메일 chungeoram_book@naver.com

ISBN 979-11-04-20008-3 04680
　　　979-11-04-20007-6 (세트)

KOMCA승인필

이 드라마는 도서출판 가하에서 출판된 심윤서 작가의 소설 〈홈, 비터 홈〉을 원작으로 하였습니다.

여기서 버티다간... 저 모텔처럼 내 인생도 깜깜해질 거야.

내가 있는데도?

넌... 살 만한 거야.
난 도저히.. 살 수가 없는 거고.
다신 여기.. 돌아오지 않을 거야.

하나가축병
원장. DVM. 천연수

지강희.. 나 안 보고 싶었냐?
난 너 되게 보고 싶었는데.
한 달 내내 지강희 니 생각만 했다. 꿈도 꾸고.

나 서울에서 10년. 바닥부터 구르면서 버텼어.
별별 힘든 일 많았고, 저보다 더한 인간들도 여럿 겪었어.
옛날 지강희 아니라고.

미안. 미안해 강희야.

우리가 무슨 사이라도 돼? 모른 척했어야지. 그냥 지나갔어야지.

내가 다 아는데.. 어떻게 모른 척을 해? 어떻게 가만있어?

그게 싫어! 그래서 싫어!! 니가 내 흑역사를,
내 상처들을 속속들이 다 알고 있어서.
나는.. 널 보는 게 아파.

나 왜 도와준 거냐니까! 대답해 천여수.

..니가 울었잖아.

뭐?

니가 우는데.. 내가 할 수 있는 게 그거밖에 없으니까.

친구... 친구 할 수 있을까?
생각만 해도 떨리는데.. 친구 할 수 있을까?

모텔
캘리포니아

하나가축병원

황금박지

천연수
(나인우)
대동물 수의사

지강희
(이세영)
인테리어 디자이너

황정구
(우미화)
황금박지
대표이사

?
관심

윤난우
(최희진)
수의사

금석경
(김태형)
숙박앱 창업자
호텔 상속자

박에스더
(서예화)
앱 엔지니어

소꿉친구

모텔 캘리포니아

수지
(지수원)
연수 母

지춘필
(최민수)
모텔 캘리포니아
사장 / 강희 父

미스터 권
(이규호)
모텔 캘리포니아
총지배인

하나읍 동창들

뷰한우
(정용주)
축산업자

사승인
(구자성)
포크레인 기사

힌이롬
(이소이)
도서관 사서

깁헌열
(윤승우)
금수저 건물주

깡패 (강희 패밀리)

강희 라이벌

1) 첫사랑 판타지

첫사랑과 백마 탄 왕자가 싸우면 누가 이길까?
첫 경험을 통해 서로의 몸에 새겨넣은 달콤발칙 순정의 힘으로
포기하지 않고 한결같이 계속해온 삽질의 힘으로
백마 탄 왕자를 물리치고 사랑의 승리를 쟁취하는 첫사랑 판타지!

2) 시골이어도, 아니 시골이어서 더 힙한 청춘 보고서

하나읍 최고의 짐승남답게 동물뿐만 아니라 사람들의 마음까지 모두 사로잡
은 수의사,
잘나가는 증권맨 생활을 포기하고 소들의 대부로 변신한 농장주의 아들
까막눈이지만 각종 현란한 기술을 가지고 있는 포크레인 기사와
시인을 꿈꾸는 최장 길이 가방끈 보유 도서관 사서까지.

도시가 아니어도 충분히 바쁘고, 괴롭고, 한편으론 빛나는
시골 청춘들의 유니크한 성장 스토리.

3) 인생 리모델링 레퍼런스

살다 보면 누구나 한 번쯤은 이렇게 사는 게 맞나.. 싶을 때가 있다.
당신 인생에 리모델링이 필요한 순간이다.
여기 좋은 레퍼런스가 있다.
다시는 돌아가고 싶지 않던 '비터 홈'을, 첫사랑이 버리고 떠난 '비터 홈'을
'스위트 홈'으로 바꾼 지강희와 천연수의 인생 리모델링을 참고하시길.

지 강 희 cast 이세영 / 인테리어 디자이너

세상에 태어나면서 절대로 선택할 수 없는 게 부모다.
자기 가족 빼고 모든 일에 다 참견하는 아빠 춘필과 하프 혼혈 엄마 사이에서 태어난 쿼터. 속된 말로 튀기다.

외모가 눈에 띄는 것도 싫은데 집은 또 모텔이다.
평범하지 않은 태생, 평범하지 않은 부모, 평범하지 않은 집. 그래서 늘 따라붙는 수군거림. 무시하는 척, 태연한 척, 강한 척했지만 시선에 예민했고, 상처받았고, 분노했다. 여기만 아니면 행복해질 수 있을 거라는 희망을 품은 채 스무 살이 되는 해의 첫날 모텔 캘리포니아를 박차고 무작정 상경한다.

독한 스모키 화장의 가면을 쓰고 지하 고시텔에서 저 높은 곳만 바라보며 살아온 서울살이 10년. 드디어 땅 위 원룸도 얻고, 지강희 이름 석 자 파인 명함도 얻고, 날 더 큰 세상으로 이끌어줄 것 같은 남자도 만났는데…
처음으로 총책임을 맡은 현장이 하필이면 시골 촌구석, 버리고 떠나온 모텔 캘리포니아 바로 앞이다.

일하러 온 첫날 첫사랑 머슴애와 마주치는 순간부터 불길한 예감이 온몸을 엄습하더니 봉인해둔 어마어마한 습관과 감당할 수 없는 과거의 기억이 폭풍처럼 강희를 강타한다.

천 연수 cast 나인우 / 대동물 수의사

평생 한 여자만 사랑하는 첫사랑 판타지의 주인공. 순정남이자 하나읍 최고의 짐 승남. 비유가 아니라 진짜다. 소에게 도장 찍고, 돼지에게 백신 주사 놓는다.

사윗감으로 탐내는 농장주 허다하고 날마다 쏟아지는 사랑 고백에 팬클럽까지 결성됐지만 연수는 절대 한눈팔지 않는다. 그의 마음속에는 오직 한 사람, 지강희 뿐이다.

아홉 살 전학 온 첫날, 강희에게 찍혀 깡.패 (깡희 패밀리)의 넘버 3가 된 이후 지 강희는 연수의 우주이자 신앙이었다. 언제까지나 지강희만의 순정하고 다감한 '곰탱이시키'이길 소망하고 또 소망했다.
십대의 끝에서 그동안 고이 간직한 마음을 고백하고 첫 밤을 같이 보낼 때만 해도 온 세상이 다 내 거 같았는데, 강희가 떠났다. 아무도 모르는 곳에서 새롭게 시작 하겠다며 사라졌다.

첫사랑은 원래 이루어지지 않는 법이라지만 난 강희 아니면 안 되니까... 긴 기다 림을 시작하기로 하는데 문제는 짝짓기에 눈이 먼 하나읍 농장주들이 그런 연수 를 가만두지 않는다는 거였다.

엄마인 수지를 들쑤셔서 날이면 날마다 들이대는 선자리에 지치다 못해 난우와 결 혼힐 사이라는 소문을 방치하는데... 아뿔싸, 강희가 돌아왔다!!

지 춘필 cast 최민수 / 모텔 캘리포니아 사장

강희 아버지. 잘생겼다. 눈빛은 아늑하고 목소리는 부드럽고 행동은 우아해 사람 들의 시선과 마음을 잡아채는 묘한 마성을 지녔다. 피아노를 치며 샹송을 기가 막 히게 부를 줄 알고 통기타와 샤우팅으로 동네 싸움을 제압할 줄 아는 동시에 아름

다운 걸 보면 눈물 흘리는 짙은 감수성의 로맨티스트이기도 하다.

하나읍에서 처음으로 서울대 법대에 들어가 마을 어른들의 기대를 한 몸에 받았지만, 사법고시 대신 임신한 강희 엄마 손을 잡고 돌아와 가업이던 여관을 물려받았다. 호텔 캘리포니아를 꿈꿨지만, 현실은 시골 모텔이었다. 어쩔 수 없이 Motel 네온사인의 M자 불을 끄는 방식으로 /호(오)/텔 캘리포니아에 만족한다.

금 석경 cast 김태형 / 호텔 상속자 & 숙박 앱 창업자

엘리트리 호텔의 유일한 상속자이자, 유학 시절 에스더와 만든 앱으로 성공한 영 앤리치.

십대의 고민은 딱 하나였다. 0살 때부터 친구였던 에스더가 정략결혼은 싫다는데 집안에서는 정혼을 서두르고 있다는 거. 베프인 에스더의 고민을 해결해주고자 남자답게 가출했다.

들고나온 현금이 떨어질 즈음, 말로만 듣던 편의점 알바를 구하러 갔다가 강희를 만났다. 알바 중이던 강희가 사장으로부터 갑질을 당하고 있던 상황. 보고만 있을 수가 없어 도움의 손길을 내밀었는데, 웬걸 끼어들지 말라는 경고를 듣고 혼자 힘으로 멋지게 사장을 몰아붙이는 여전사 같은 모습은 덤으로 관람했다.

가출로 에스더의 고민을 해결한 석경은 영원한 남사친 여사친으로의 우정을 다짐하며 이후 유학도, 사업도 같이한다. 지강희를 스카웃하는 조건으로 정구의 회사에 투자하기로 한 석경. 그렇게 자신이 론칭하는 숙박 앱의 부띠크 모텔 리모델링을 전담해 줄 회사가 꾸려진다. 이름하여 황.금.박.지.

강희와 함께하면 할수록 그녀가 궁금하고 새롭고 그녀와의 미래를 같이 키워나가고 싶은 욕심이 생기는 석경. 드디어 가까워질 기회가 생기나니.. 바로 하나읍 프로젝트다. 일과 강희, 모두를 쟁취하고자 인생 첫 시골살이에 도전하는 석경.

윤 난우 cast 최희진 / 수의사

어릴 때부터 동물을 좋아해서 수의대에 들어갔으나, 해부 실습과 동물 실험 등에
충격을 받아 힘든 시간을 보낸다. 꿈을 포기해야 하나 방황하던 시절, 학과 선배
인 연수를 알게 되고 비록 "내일 도축된다 하더라도 오늘 하루는 안 아플 수 있게
행복할 수 있게 최선을 다한다."는 연수 말에 깊은 감명을 받는다.

이후 연수가 만든 실험견 돌봄 동아리에 가입해 누구보다 열심히 활동하던 중 학교
의 불법 동물 실험 실태를 알게 되고, 모든 불이익을 무릅쓰고 내부고발자가 된다.

어렵게 졸업은 했지만, 진로가 모두 막힌 상황에서 또다시 손을 내밀어준 연수.
자신의 병원에서 함께 일하자는 제안을 받게 된다.

인테리어 회사 '황금박지'

박 에스더 cast 서예화 / 앱 엔지니어

서로 절친이었던 부모님들 덕분에 석경과는 태어나기도 전 이미 친구였다. 모두
가 예상했던 대로, 어쩌면 당연하게도 어느 날 갑자기 친구이던 석경이 남자로 보
이기 시작했디. 어차피 집안에서는 둘을 정혼시킬 생각이라는 걸 알고 있었다.
그래서 '정략결혼은 절대로 싫다'는 말로 석경의 고백을 촉구하는데 그때부터 모
든 게 어긋나기 시작했다. 석경이 가출해버린 것이다.
혼자만 좋아했구나, 착각이었구나.. 상처받은 에스더는 유학길에 오르는데 이걸
어쩌나 미국으로 유학 온 석경과 또다시 재회한다.
두 사람은 정혼 해프닝을 없었던 셈 치자며 서로의 가장 친한 남사친 여사친 사이
를 이어나가고... 의기투합 끝에 만든 앱이 대성공을 거두면서 두 사람 모두 자력
으로 영앤리치에 등극한다.

황 정 구 cast 우미화 / 황금박지 대표이사

정치질이 난무하는 비즈니스 세계에서 실력 하나로 업계 최고 자리까지 올랐던 인테리어 업계 여전사. 새로 총책임을 맡게 된 인테리어 공사 현장에서 강희를 만나 스카웃한다. 출신도, 학력도, 인맥도 없는 강희가 편견으로 가득 찬 대기업 직원들 사이에서 능력을 펼칠 수 있도록 응원하고 지지하며 인생 선배이자 업계 선배로서 강희의 멘토가 되어준다.

인생 최고의 사치는 명품백 구매도, 외제차 구매도 아니고 '싫어하는 사람과 일하지 않는 것'이라는 강희 말에 감명받아 과감하게 사표를 던지고 독립, '황금박지'를 창업한다.

───────────────── 깡패 (깡희 패밀리) ─────────────────

차 승 언 cast 구자성 / 포크레인 기사

깡희 패밀리 넘버 원. /다섯(일곱)/ 살 때 모텔 캘리포니아에 버려진 아이. 출생신고도 되어있지 않은 아이를 춘필 씨가 거둬 강희와 함께 키웠다. 고아니, 기생충이니, 계집애 같은 새끼니 하는 숱한 놀림에도 조용하고 얌전하지만, 소중한 누군가를 건드리면 폭발한다. 그런 이유로 김헌열 패거리와 시비가 붙어 퇴학까지 당했다.

불행 중 다행인 건 그때 발견한 재능 덕분에 10년 넘게 포크레인 기사로 잘나가고 있다.

류 한 우 cast 정용주 / 축산업사

깡희 패밀리 넘버 투. 하나읍에서 서울로 대학을 가 증권맨으로 잘나가며 시골 계신 부모님들께 농장도 사드리고, 소도 사드린 엄청난 효자이자 부모님의 자랑이었으나 복잡한 도시생활보단 하나읍으로 돌아오는 선택을 해 아버지에게 뭇매를 맞는다.

한 아름 cast 이소이 / 도서관 사서

깡희 패밀리지만 서열은 없다. 시인을 꿈꾸는 도서관 사서. 하나읍에서 가방끈이 가장 길다. 강희를 믿고 의지했던 만큼 의논 한마디 없이 사라진 것을, 베프인 자신의 전화를 수신 차단한 것을, 절대 용서할 수 없다. 하지만 다시 돌아온 강희에게 쌀쌀맞게 외면하기엔 강희와 하고 싶은 게 너무 많다.

─────────────── 하나읍 동창들 ───────────────

김 헌열 cast 윤승우 / 금수저 건물주

초등학교 입학식 날부터 강희를 괴롭혔던 초중고 동창. 땅도 많고, 돈도 많고, 영향력도 많은 부모 빽을 등에 업고 친구들을 제 맘대로 부린다. 고분고분하지 않은 강희를 어떻게든 굴복시켜보려 무지 애를 썼지만 강희는 언제나 당한 것 이상을 되갚았고 주변에는 연수와 한우와 승언이 늘 떠받들고 있었다. 그랬던 강희가 다시 돌아와 신경을 긁어댄다. 한번 해보자는 거지?

김 용수 cast 마현진 / 철물점 사장

라라미용실과 용수철물의 아들. 하나읍 일이라면 대소사부터 스캔들 뒷담 하나까지 모르는 게 없다. 하나읍 최고의 떠버리.

최 민 구 cast 이소금 / 시골경찰

강희의 동창. 경찰 공무원 시험에 합격해 하나읍 지구대에 근무한다. '오늘도 무사히'를 기도하며 '동창들과 엮이지 말자'를 생활신조로 삼고 있다.

조 진 아 cast 이랑서 / 요양보호사

학창 시절 멋 내는 데 앞장섰던 시골 패피. 노인 봉사활동을 다니다가 본격적으로 자격증을 따고 요양보호사로 일하고 있다.

노 인 숙 cast 정현지 / 디저트 가게 사장

김헌열네와 우열을 다투는 땅부잣집의 고명딸. 돈 걱정 없이 하고 싶은 일 다 하며 살았는데, 아버지가 돌아가시고 이후 먹고 살 방도를 위해 빵집을 열었다.

———————————— 하나읍 사람들 ————————————

순자 (수지) cast 지수원 / 연수 母

화려한 패션에 정수리를 과하게 부풀린 헤어스타일, 10센티는 될 법한 하이힐. 하나읍의 퀸, 순자 아니고 수지다. 수지가 "저기 연수야.."라고 부르면 세 가지 중 하나다. 돈 이야기, 남자 이야기, 그것도 아니면 돈을 들고 튄 남자 이야기. 끝도 없이 치는 사고를 친남매처럼 자란 오라버니 춘필이 끝도 없이 수습한다.

류 덕 구 cast 문경민 / 한우농장주

한우의 아버지. 소 팔아서 성공시킨 아들을 잘나가는 증권맨을 만들어놨지만 아들의 뜬금없는 귀향 의사에 속이 탄다.

배 신 자 (라라) cast 노윤정 / 미용실 사장

본명은 신자. 성이 배씨인지라 배신자라 놀림받아 개명했다. 운영하는 라라미용실은 누구나 수다 떨고 싶을 때 찾아오는 곳인지라 하나읍 모든 소문의 발원지이자 증폭 장치다.

김 수 남 cast 박용 / 용수철물 사장

용수의 아버지이자 라라의 남편. 하나읍 철물점 용수철물을 운영한다.

미스터 권 cast 이규호 / 모텔 캘리포니아 총지배인

신중하고 과묵한 모텔 캘리포니아의 총지배인.

———————————— 그리고… ————————————

오 승 아 cast 오승아 / 모먼트 이사실 비서 겸 디자이너

일러두기

1 이서윤 작가의 집필 방식을 최대한 따랐습니다.

2 드라마 대사는 글말이 아닌 입말임을 감안해, 한글맞춤법과 다른 표현이라 해도 최대한 살렸습니다.

   지문의 경우 한글맞춤법을 최대한 따르되, 어감을 살리기 위해 그대로 둔 표현도 있습니다.

3 물음표, 마침표, 쉼표 등 문장 기호의 표기는 작가의 의도를 따랐습니다.

4 대본에 사용된 '/' 표기는 서로 다른 장소에 있는 두 사람이 통화할 때 사용한 작가의 표현입니다.

5 미방영 내용이 포함되어 있으며, 방송된 부분과 다를 수 있습니다.

용어정리

몽타주 따로따로 편집된 장면들을 적절하게 떼어 붙여서 하나의 긴밀하고 새로운 장면을 만드는 것을 뜻한다.

인서트 화면의 특정 동작이나 상황을 강조하기 위해 삽입한 화면을 뜻한다.

OL 오버랩(Over Lap)의 약어. 현재의 화면이 사라지면서 뒤의 화면으로 바뀌는 기법이다. 대사에서는 앞사람의 말을 끊고 틈 없이 말을 할 때 쓰인다.

OV 오버보이스(Over Voice)의 약어. 인물은 보이지 않고 말소리만 들리는 경우에 사용한다.

E 이펙트(Effect)의 약어. 보통 등장인물의 얼굴은 보이지 않고 목소리만 들리는 경우에 주로 사용한다.

Contents

1부

#1. 하나읍 거리

눈이라도 곧 쏟아질 것 같은 흐린 날씨.
어둠이 깔리기 시작하는 시골 거리를 빠른 걸음으로 걷고 있는
천연수(남, 19세).
연말답게 알록달록한 조명을 지나. 편의점 앞으로 다가가면.
편의점 유리창 너머로 보이는 지춘필(남, 48세)의 모습.
연수, 멈춰서서 춘필을 보는데.
낙타색 더플코트를 입은 춘필, 두 손으로 캔 커피를 감싸고.
마치 광고의 한 컷처럼 창밖 멀리 어딘가를 바라보며 생각에 잠겨있다.

#2. 편의점

편의점으로 들어간 연수, 춘필에게로 다가선다.

연수   아저씨.
춘필   왔어?

춘필, 미리 사둔 따뜻한 캔 커피를 연수에게 건네고는. 또다시 창밖 본다.

춘필   폭설이 왔으면 좋겠다.

연수   ....

춘필   (여전히 시선 창밖에 둔 채) 얘기는 해봤니?

연수   완전 투명인간 취급해요.
       아름이 말로는 벌써 고시텔까지 계약했대요.

춘필   (계속해서 커피 광고 찍다가. 이윽고 창에서 시선 떼고) 넌 괜찮아?

연수E   (마음의 소리) 아뇨. 괜찮지 않아요...

춘필   강희 서울 가면 남자애들 엄청 만나고 다닐 텐데?

연수   아저씨는 괜찮아요?

춘필   상황이 상황인지라... (손바닥으로 마른세수하고)
       아저씨도 엄마 속을 징글징글하게 썩였거든. 내 딸인데 어련하려구.

연수   ...

춘필   이거 좀 전해줄래?

춘필이 더플코트 주머니에서 농협 마크가 찍힌 봉투를 꺼내 연수에게 준다.

연수   뭔데요?

춘필   강희 전해줘.

연수   아저씨가 직접 주세요. 저랑 눈도 안 맞추는 애한테 어떻게 줘요.

춘필   쑥스러워서.

연수   아저씬 쑥스러울지 몰라도.. 전 무서워요.

춘필   그래도 넌 친구잖아. (하며 봉투를 연수의 코트 주머니에 쑤셔 넣는)

연수   아저씨는 아빠잖아요.

연수, 봉투를 꺼내려는데 다른 쪽 주머니에서 핸드폰 울린다.

춘필   (서둘러 나가며) 받고 나와.

         연수, 춘필 뒷모습 보며 전화 받는데. 한우다.

#3. PC방

         한우와 승언과 친구들, PC방에서 전투적으로 게임하는.

한우   야. 왜 안 와? 애들 벌써부터 기다리고 있는데.
연수E   어. 금방 갈게.
한우   짜식들 깝죽대는 꼴 더는 못 보겠다. 빨랑 와.

#4. 편의점 앞

         연수, 급하게 전화 끊으며 춘필을 뒤따라 나오면.
         편의점 앞 먼지 쌓인 크리스마스 트리의 반짝이는 무뚝이등을 바라보
         며 기다리고 있던 춘필, 악수하자고.

춘필   (오른손 내밀며) 연수야. 새해 복 많이 받아라.
연수   (춘필 손 잡으며) 아저씨도요.
춘필   많이 받고 싶다. 정말.
연수   아저씨... (하는데 전화 또 울리는)
춘필   친구들이 기다리나 보다. 얼른 가봐라. (연수의 어깨를 툭툭 치고 길가
         에 세워진 낡은 벤츠로 가는)
연수   모텔로 안 가세요?
춘필   만날 사람이 있어서.

멀어지는 벤츠의 후미등 보는 동안. 주머니의 핸드폰 끊겼다가 다시
울리는.

연수　　(확인 안 하고 급하게 받으며) 가고 있다니까.

#5. 모텔 강희 방/ 하나읍 거리

모텔 침대 위에 오리털 파카를 입고 그 위에 이불 뒤집어쓰고 얼굴만
내놓은 채 핸드폰 들고 킬킬 웃는 지강희.

강희　　오고 있다고? 그래 와라.

/ PC방 향해 걷던 연수, 우뚝 걸음 멈추고.

/연수　　한우 만나기로 했는데...
강희　　그래? 그럼, 지금 작별 인사할게. 잘 살아, 천연수.
/연수　　뭐? (멍해지는)
강희　　오늘 마지막 차 타고 서울 가서 종각에서 새해를 맞을 거야.
　　　　그리고 두 번 다시 여긴 오지 않아. 그러니까 잘 살라고.
/연수　　기다려. 지금 갈게.

/ 한우에게 못 간다는 문자 급히 보내고. 전화 전원 꺼버리는 연수.

#6. 하나읍 거리

회전교차로를 가로질러 모텔 캘리포니아로 달려가는 연수.

#7. 모텔 캘리포니아 외경+뒷문 앞

들뜬 거리와 달리 적막한. 간판 조명도 꺼져 있고 주차장 안내등도 꺼
져 있다.
주차장을 지나 모텔 뒷문으로 가는 연수 모습 위로.

강희E   뒷문으로 와.

#8. 모텔 안/밤

뒷문 열고 들어서는 연수. 가로등 불빛도 닿지 않아 깜깜하다.
아무것도 보이지 않아 멈춰 선 연수, 어둠이 익숙해질 때까지 기다려
보는데.

강희E   곰탱이.

연수가 고개 돌리면. 손전등 불빛이 눈을 파고든다.

연수   (피하며) 하지 마.
강희   (심술부리듯 일부러 연수 얼굴에 손전등 비추고)
연수   왜 이렇게 깜깜해?
강희   전기가 끊겼어.
연수   정전이야?
강희   끊겼다니까. 전기세 못 내서.
연수   어쩌다가...
강희   춘필 씨가 호주에 있는 금광인가 은광인가에 돈을 다 써버렸겠지.

불빛이 천장을 향하면. 그제야 2층 계단에 앉은 강희 얼굴 보인다.

오리털 파카 모자를 뒤집어쓰고 눈만 내놓은 강희.

연수　지배인 아저씨는?

강희　미스터 권은 처리할 일이 있다고 제주도에 갔어. 며칠 있다 올 거래.
　　　춘필 씨도 누구 만난다고 오늘 못 들어온대고.

연수　그럼, 혼자 있었단 말이야?

강희　언제는 아닌가? (몸 돌려 계단 올라가는)

천장을 향해 손전등을 비추며 앞서 걷는 강희.
옷을 하도 껴입어 펭귄처럼 뒤뚱거린다.

#9. 모텔 강희 방

강희, 손전등을 벽으로 향하게 내려놓으면.
하얀 벽에 달무리 같은 빛이 만들어져 달빛이 내려앉은 것처럼 희미
하고 창백하다.
바닥에 몇 개의 박스와 커다란 배낭과 트렁크가 놓여 있다.
강희, 침대에 털썩 주저앉아 숨을 몰아쉬는데.
숨을 내쉴 때마다 하얀 입김 피어오른다.

강희　(그림자로 어둑해진 어깨 뒤 가리키며) 이것 좀 봐.

연수, 침대 쪽으로 한 걸음 다가가면.
강희보다 훨씬 큰, 1미터도 더 돼 보이는 시커먼 솜뭉치 인형이
침대의 절반을 차지한 채 당당하게 버티고 있다.

연수　이게 뭐야?

강희　춘필 씨 선물. 테디 베어.

연수   테디 베어?

강희   (모자 벗으며) 열라 어이없지? 슈타이프 오리지널이랜다.

　　　　독일 출장 가는 사람한테 부탁해서 비행기 타고 왔대.

연수   아저씨가 신경 많이 쓰셨네.

강희   머리가 어떻게 된 거지! 춘필 씨 돈 거 아닐까?

　　　　모텔이 경매로 넘어가게 생겼는데, 백만 원이 넘는 인형을 선물해?

　　　　전기세도 못 내는 주제에!

　　　　(인형 배를 마구 때리며) 미쳤어! 미쳤어! 미쳤어!!!

연수   (강희 팔 잡으며) 그만. (진정시키고)

　　　　그래도 너.. 곰 인형 좋아하잖아.

강희   어릴 때 얘기지!

　　　　내일이면 스무 살인데 인형이 웬 말이야!! 차라리 노트북이면 몰라.

　　　　아, 짜증 나. 볼 때마다 화나. 볼수록 화나.

　　　　펀치로는 모자랐는지 아예 곰 인형에 헤딩까지 해대는 강희.

　　　　연수, 어떻게 말려야 될지 난감하게 보는데.

　　　　강희, 지쳐 인형 위로 고꾸라진다.

강희   (엎어진 채 인형 끌어안고 있다가) 열라 포근하네.

　　　　(고개만 돌려 연수 본다) 곰탱이 너 같다.

연수   야... (부끄러운)

강희   (일어나 앉더니 정색하고) 곰탱이. 마지막으로 묻는 거니까 대답해.

연수   뭘?

강희   대학. 진짜 서울로 안 가?

연수   ....미안...

강희   (덤덤한 얼굴로) 미안할 필요 없어.

　　　　너한텐 나보다 할아버지가 더 중요하겠지.. 야망도 없는 시키.

연수   그건 아니지만... 야망이 없는 건 사실이라... (제대로 변명도 못하고

　　　　버벅대다 결국) ...미안.. (죄인처럼 고개 푹 숙이는데)

강희   (침대 옆자리 손바닥으로 두드리며) 일루 와 봐.

         연수, 미적미적 다가와 조심스레 강희 옆에 앉는데. 매트리스 푹 꺼지는.

연수   (당황. 부끄. 매트리스 높이려 엉거주춤하는데)
강희   (웃음 터지며) 곰탱이시키, 너 살 더 쪘지?
연수   아닌데. 아냐.
강희   아니긴 뭐가 아니야? (옆구리 살 한 움큼 쥐며) 우와, 이 살 봐라. 너 백
         킬로 넘었지?
연수   (황급히 몸통 비틀어 반항하며) 백 킬로는 무슨!! 놓으라니까!

         연수, 부끄러워 강희 두 손목 확 잡아채는데.
         두 사람의 시선이 맞닿는.
         덤덤한 척했지만 슬퍼 보이는 강희의 눈을 보자. 숨 쉬는 게 힘들어지
         는 연수.

강희   (조용히) 연수야.
연수   ...
강희   나랑 잘래?
연수   (놀라서) 미쳤나 봐. (강희 손목에서 황급하게 손 떼는데. 손이 덴 것
         처럼 화끈거리는)
강희   (피식) 놀래기는. 맨날 생각했을 거면서.
연수   (더 당황) 야! 갑자기 왜 이상한 소릴 하고 그래?
강희   뭐가 이상한 소리야? 자연스러운 거지. 너랑 난데.
연수   쓸데없는 소리 하지 마.
강희   너, 자면서 내 생각할 거잖아.
연수   (시뻘게진. 당황해서 벌떡 일어나는데)
강희   생각만 하는 거 아니잖아.
연수   뭐래? (귀 막으며) 안 들리거든.

강희	네 지갑 속에 콘돔 있는 거, 다 알아.

연수	(귀에서 손 떼고 펄쩍) 그건 니가 준 거잖아. 모텔 판촉물이라고.
	한우, 승언이, 나 사이좋게 나눠 먹으... 아니, 나눠 쓰라고 줬으면서.

강희	벌써 다 쓴 거야? 내가 너만 두 개 줬는데?

연수	아니거든. 한우, 승언이도 다 두 개씩 줬거든.

강희	(연수 귀엽다는 듯 피식) 두 개 다 있다는 거네. 니 지갑 안에. (집요하
	게 연수 보면)

연수	(벌게지며 시선 피하는데)

강희	그거 오늘 쓰자.

연수	(기가 막힌다. 벌게졌던 얼굴이 아예 새빨개진다) ...

강희	(연수 주머니 속 지갑 찾으러 더듬으며) 보기만 할게. 어딨어?

연수	(버럭) 왜 그래, 진짜!!

강희	(멈추고 보면)

연수	나 갈래. (돌아서려는데)

강희	(연수의 팔을 탁! 잡는다)

연수	(흠칫! 강희 보는)

강희	나 떠나면.. 너도 다른 여자 만나 사랑도 하고 섹스도 하고 그럴 거 아냐.

연수	(귀까지 새빨개지는)

강희	너의 처음이, 나였으면 좋겠어.

연수	....!! (눈빛이 떨린다. 온몸이 벌게지는 것 같은 기분이다)

강희	왜? 너 혹시 처음 아니야?

연수E	(마음의 소리. 더듬대는) 처음이야. 하, 한다면.

연수	(애써 단호하게) 네 반항에 동참하고 싶지 않아.

강희	호기심도 반항심도 아니야. 그냥... 처음은 제일 순수한 거니까.

	강희, 일어나더니 연수에게 다가간다.
	연수, 어쩔 줄 모르고 서 있는데.
	최대한 까치발 해서 연수 목에 팔을 감고 연수 눈빛 바라보는 강희.
	목석처럼 서 있는 연수 입술에 가만히 자신의 입술을 댄다.

연수, 반응하지 않는다.
강희, 잠시 입술을 떼고 연수 보더니. 작정한 듯 도발적으로 연수 입술을 뜨겁게 탐하는데.
연수, 여전히 굳어있다.

강희   (연수에게 키스하다가 갑자기 멈추고) 싫어?

연수   ... (여전히 굳어 있는)

강희   그만할까? (팔 푸는데)

연수   (그 팔 잡는. 간절한 눈빛으로) 자면? 자면, 안 떠날 거야?

강희   (팔 뺀다) ...떠날 거야.

연수   (안타까운) 왜? 왜 꼭 그래야 되는데?

강희   내가 남들과 다르다는 걸.. 모르는 데로 갈 거야.

연수   니가 뭐가 다르다는 거야?

강희   (연수 손을 끌어다 자기 눈 가리키며) 눈 색깔.

연수   ...

강희   (연수 손을 끌어다 자기 머리 쓰다듬으며) 머리 색깔.

연수   ....

강희   (연수 손을 끌어다 자기 뺨 감싸며) 피부 색깔.

연수   ...내 눈엔 그냥 예쁘기만 한데. (속상한. 울 듯한 표정으로 강희 보면)

강희   (다시 한번) 연수야. 나랑 잘래?

연수   (강희 눈 보다가. 먼저 다가가 강희에게 입 맞추는)

강희, 옷을 벗기 시작하는데
벗어도 벗어도 계속 옷이다.
마지막 셔츠를 남겨두고. 연수 보는.
연수, 강희 옷의 단추를 풀려는데. 손이 떨려서 제대로 되지 않는다.
그런 연수의 손을 잡는 강희.
연수, 멈추라는 건가 보면.
강희, 연수의 손을 따뜻하게 감싸 안고 입김을 호오! 호오! 불어주는.

연수, 강희의 셔츠를 풀면.
셔츠 벗고 탱크탑 차림이 된 강희.
연수, 강희가 추울까 반짝 안아올려 침대에 앉히고. 이불 둘러주는데.

강희   (이불 떨어내며) 이제 네 차례.
연수   (확 부끄럽고 두려운) 나는....
       (침대 앞에 선 채 강희 눈 보며) 진짜 괜찮아? 나여도?
강희   니가 뭐?
연수   나는.. 몸무게도 백 킬로 넘고... 서울도 못 따라가고...
강희   (침대에서 일어선. 연수를 확 덮치듯 안는다) 너니까. 너여서.
연수   (강희 끌어안은 채 눈 보면)
강희   (연수 뺨 만지며) 살 빼지 마.
       (안경 벗기며) 다른 사람 앞에선 안경 벗지 마.

안경을 벗은 연수 시선으로. 강희 얼굴이 희미해진다.

강희   눈웃음치지도 마.

연수, 못 참고 강희 확 끌어안는다.
강희의 맨어깨에 입술을 대고 뜨거운 숨길 불어넣는 연수.

(시간 경과)
연수의 팔베개를 하고 누운 강희.
강희, 오들오들 떨고 있다.

연수   왜 이렇게 떨어? 추워?
강희   추워. 안아줘. (연수 품 파고든다)
연수   (강희 따뜻하게 품듯이 안아주면)
강희   서울도 추울까? 많이 추우면 어떡하지?

연수E   (꼭 끌어안은 채) 추우면..
         춥고 힘들면 언제든지 돌아와 강희야.
         기다릴게. 내가. 그게 언제든 너만 기다리고 있을게.

#10. 하나읍 외경

         어둠에 잠긴 시골 풍경.
         먼 산. 해가 떠오르고. 새해가 밝았다.

#11. 모텔 강희 방/ 새벽

         강희 방 창문에도 새해의 여명이 비쳐드는.

강희   가야겠다.
         잠깐. 아직 안경 쓰지 마.

         침대에서 내려와 부들부들 떨며 산더미처럼 벗어놓은 옷을 하나씩 껴
         입는 강희.
         안경을 쓰지 않아 흐릿한 연수의 시선으로.
         레깅스 두 벌을 겹쳐 입고 그 위에 블랙진.
         티셔츠 두 벌과 터틀넥 두 벌. 그 위에 스웨터 두 벌을 입고 다시 오리
         털 파카를 집어 드는.

연수   무슨 옷을 그렇게 많이 입어?
강희   짐 줄여야지.

         강희가 옷을 다 입은 후. 일어나 안경 쓰는 연수.

코트 집어 드는데 봉투가 툭 떨어진다. 춘필이 준 농협 봉투다.

연수   (봉투 주며) 이거 받아.
강희   뭔데?
연수   아저씨가 너한테 전해달라고 하셨어.

강희, 파카 지퍼 올리다 말고 봉투를 받는다.
침대에 걸터앉아 내용물 꺼내 보던 강희, 갑자기 푹 허리를 꺾으며 웃는다.
그 바람에 몇 장의 수표가 바닥에 떨어진다.

연수   (수표 주워 건네며) 왜?
강희   나, 효녀인가 봐.
연수   …?
강희   이것 봐. 춘필 씨가 이렇게 썼어. (킬킬대며 편지 한 부분을 읽어주는)
       애니웨이, 딸, 피임은 꼭 해라.
연수   (귓불이 화끈거려 손바닥으로 감싸는데)
강희   (웃음 뚝 멈추고) 내가 춘필 씨 실수로 태어났다는 걸 이렇게 또 새삼
       확인시켜주시네. (수표와 편지 아무렇게나 주머니에 쑤셔 넣는)
연수   터미널까지 데려다줄게.

#12. 하나읍 거리

연수, 앞장서 강희의 트렁크를 끄는데.
일부러 울퉁불퉁한 길로 골라서 간다.
빵빵한 트렁크가 울퉁불퉁한 보도블록에 불안하게 기우뚱거리다
지퍼가 터져버리면.
벌어진 트렁크 앞에서 망연자실한 강희.

연수   (작전 성공. 속으로는 좋지만) 미안해 강희야... (강희 보는데)

         연수의 상상이었다. 멀쩡한 가방.

강희   힘들어? 내가 끌까?

         연수, 한숨 내쉬고.
         또다시 요철 심한 곳으로 골라 가방 끄는.

#13. 터미널 안

         첫차를 기다리는 강희와
         첫차가 오지 않기를 바라는 연수.
         하지만 무정하게도 버스가 들어온다.

강희   (버스 보더니) 부탁 하나 할게.
연수   뭐?
강희   곰 인형 팔아서 찰리 새끼 낳으면 산후조리 좀 해줘.
         혹시 돈이 남으면 태어날 아깽이들 밥도 챙겨주고.
연수   ...
강희   간다.
연수   (다급하게 잡는) 이름은?
강희   응?
연수   고양이 새끼들 이름 지어주고 가.
강희   ... (대답 대신 빈 캔 쥐여주고 가는)

#14. 터미널+하나읍 거리

서울행 첫 버스를 탄 강희와

버스 차창 옆에서 강희를 보며 울음 참는 연수.

강희는 앞만 보고 있다.

이윽고 버스가 출발하면.

결국 참았던 눈물 터지며 "강희야! 지강희!!"

버스 따라 달리는 연수.

앞만 보며 외면하던 강희, 결국 돌아보는데.

그런 강희 따라 하나읍 거리를 달리는 연수에서.

#15. 하나읍 목장

목장을 달려서 축사 입구에 도착하는 봉고차. 연수가 운전하고 있다.

자막: 10년 후

10년 전과는 완전히 달라진 모습의 연수, 급하게 운전석에서 내리는데
초조한 표정의 농장주 급하게 달려온다.

농장주   아이고 연수야 어떡하냐. 박 선생, 김 선생 다 못 온단다.
　　　　어미 소는 죽겠다고 울고, 나도 울고 싶다.

연수   (차 트렁크에서 약품 챙기며) 양수 터졌다면서요? 시간 없어요. 얼른
　　　　가요.

연수, 농장주와 함께 축사 안으로 들어오면.
울타리에 뿔이 묶인 어미 소 보인다.
연수, 오른팔에 어깨까지 올라오는 비닐장갑을 끼고 소를 내진하기
시작한다.

농장주	(옆에 서서 조마조마) 괜찮냐? 송아지는 무사허냐?
연수	네. 무사하긴 한데. 역산이요. 지금 송아지가 뒷발 내밀고 누웠어요.
	제가 돌려서 자세 잡고 당겨서 꺼내 볼 건데 도와주실 수 있죠?
농장주	그럼. 해야지.
연수	(어미 소) 애, 더 힘들기 전에 빨리 끝내요.

(시간 경과)
송아지의 다리에 밧줄이 묶여있다.
연수, 농장주와 함께 밧줄을 있는 힘껏 당긴다.
땀이 뻘뻘 나도록 있는 힘껏 당기는 연수.
(E) 소 울음소리.

(시간 경과)
무사히 출산한 송아지를 울타리에 얹어 코의 양수를 빼주는 연수.
소가 쏟아낸 오물과 양수로 흠뻑 젖었지만 아랑곳하지 않고 흐뭇한
표정이다.

| 연수 | 저번에 사산해서 걱정했는데 진짜 다행이네요. |
| 농장주 | 고맙다 연수야. |

연수, 송아지를 어미 소 앞에 데려다주며.

| 연수 | (어미 소 이마 쓰담) 애썼어. 축하해. |

어미 소, 어린 송아지를 핥는다.
농장주, 그제야 안심한 표정이고.

| 연수 | 날이 추워져서 애들 방한복 입히는 게 좋겠어요. 축사 바닥 청소도 좀 |
| | 하시고. |

농장주   아이고. 하고야 싶지.

연수   (또 이런다 하면서도 피식) 제가 하루 도울게요.

농장주   (반색) 그럴래?

#16. 축사 앞

온몸이 땀에 젖은 채 나오는 연수.
방역복 벗는데. 몸에서 김이 무럭무럭 나오는.

농장주   욕봤다, 천연수. 등목할래?

연수   그럴까요?

농장주, 축사 앞 수도 틀어 고무통에 물 받는 사이
연수, 웃통 벗고 엎드리면.

농장주   (등에 물 퍼부으며) 허우대가 아깝다. 이 근육 봐라.

연수   (더 보란 듯 등 근육 힘줘 보이는)

연수, 등목 마치고 일어나면.

농장주   (수건 주며) 니 선 한번 볼래?

연수   (수건 받아서 머리 닦고는) 저 결혼할 사람 있어요.

농장주   또 거짓말!

연수   진짜예요! (후르륵 티 입고는) 주말마다 만나러 서울 가잖아요.

농장주   (미심쩍게 보며) 서울 여자라고? 뭐 하는 여잔데?

#17. 공사장 현장

먼지와 페인트 잔뜩 묻은 작업복을 입고. 안전모를 쓰고. 한 손에는
건물 도면을 든 채 마치 현장감독처럼. 도면과 현장 곳곳을 꼼꼼하게
살피는 강희.
도면 내려놓으며 돌아선다.

강희   (작업팀 향해 연설하듯) 오늘은 공정 간에 간섭할 일이 많습니다.
       형틀, 철근, 전기, 설비, 직영팀... 다들 조금씩 양보하면서 작업해주
       시기 바랍니다.

       카메라, 강희 앞을 비추는데. 아무도 없다.
       텅 빈 현장에서 혼자 책임자 놀이 중이던 강희, 이때 갑자기 뒤편에서
       누군가 "소장님!!" 부르는.
       예상치 못한 인기척에. 강희, 화들짝 놀라 돌아보면.
       허름한 복장의 황정구(여. 49세), 입구 쪽에 서 있다.

강희   누구세요?
정구   여기서 소장님 뵙기로 해서... (들어오려다 뭔가에 걸려) 아야!

       입구에서부터 현장 여기저기 자재 더미들이 아무렇게나 쌓여 있고
       바닥에도 폐목, 철근, 콘크리트 부스러기, 쓰레기 등 온갖 것들이 널브
       러져 있다.

강희   (손바닥 보이며 제지) 거기 계세요. 함부로 들어오심 다쳐요.
       (소장에게 전화 건다) 소장님. 여기 누가 오셨는데요.

#18. 현장 인근 식당

식당에 작업 인부들 잔뜩 앉아 두루치기로 식사 중이다.

소장과 작업반장이 앉은 테이블엔 소주도 놓여 있다.
정구, 들어서면.

소장	(일어나며) 여깁니다. (하는데)
반장	(흘끔 보고 못마땅) 여자였어? (콜라 컵에 소주 따라 마시는)

정구, 테이블로 다가와.

정구	현장에 누가 있던데, 그분은 누구세요? 작업반장님인가?
소장	아아.. 지 대리?
반장	(기막혀 코웃음) 하! 대리는 개뿔! 회사 짤린 지가 언젠데.
	(소주 벌컥벌컥 들이켜고 정구 향해) 반장은 나고! 걔는 데모도요.
정구	데모도?
반장	시다바리라고. 잡부 중에 잡부. 개잡부!!

#19. 공사장 현장

강희, 엉망진창 쌓인 자재들을 날라 공정별로 차곡차곡 정리 중이다.
추운 날씨지만 무거운 자재들 나르며 힘쓰는 사이 열이 나고.
겹쳐 입은 웃옷들 하나씩 벗어가며 쉬지 않고 움직이는 강희.
사재 옮기기를 끝내자 바닥에 널브러진 온갖 쓰레기들을 분류해 마대
에 착착 담고 빗자루로 바닥까지 말끔하게 쓸어준다.
그제야 허리 펴고. 땀 닦고. 털썩 주저앉아. 이제 막 물 좀 마시려는데.

반장	저 봐라, 저!

현장소장과 반장, 작업자들 다시 현장으로 돌아왔다. 그들 틈에 정구
도 있다.

정구, 그새 깔끔해진 현장에 놀라는데.

반장   빠져가지고. (혀를 끌끌)
야, 지강희!! 밖에 브로크는 왜 그냥 있냐? 빨리 안 옮겨?

강희, 얼른 물 마시고. 다시 일어나는.

반장   (정구 흘끔. 들으라는 듯) 여자는 이래서 문제야. 아는 거 많고 가방끈
길면 뭐 해?
(강희 앞에 서서. 땀에 젖어 달라붙은 티셔츠 차림의 강희 훑으며) 비
리비리.. 해 가지고. 이거 봐라. 이 얇은 팔모가지로 어디 제대로 힘이
나 쓰겠냐. (함부로 강희 팔 잡는데)

강희, 그 팔 비틀며 바로 엎어치기 한 판.
반주로 거나해진 무방비 상태의 작업반장을 시멘트 바닥에 메다꽂는다.

반장   (너무 놀라 말도 못 하고 나자빠진 채 강희 보면)
강희   (덤덤) 나 힘센데.

예상치 못한 전개에 사람들 모두 놀라 술렁대고.
정구도 눈 동그랗게 커졌다.
나자빠진 반장, 가까스로 일어나는데. 쪽팔림에 분노 폭발했다.

반장   야, 지강희!! (부들부들 떨리는. 손가락질) 너, 너!! 너 나가!
앞으로 내 현장에 얼씬도 하지 마!
강희   안 그래도 그만둡니다.
술 먹고 한 번만 더 건드리면 안 참는다고 했잖아요.

벗어두었던 옷 입고.

차분하게 장갑, 수건, 물병 등 배낭에 챙겨 넣는 강희. 나가는데.
반장이 앞을 막아선다.

강희   (보면)
반장   빌어! 한번 봐줄 테니까. 빌라고.
강희   (얼굴에 미소 번지며. 뻑큐 날리고. 미련 없이 돌아서 나가는)

반장, 강희 반응에 벙쩌 있다가. 뒤늦게 "야, 지강희!!"
강희, 반장의 고함 소리에 돌아서더니. 한 번 더 뻑큐!

#20. 공사현장 앞

강희, 현장을 빠져나오는데.
누군가 뒤따라 나온다. 정구다.

정구   저기요!
강희   (돌아보면)
정구   물어볼 게 좀 있는데요.
강희   (한번 쓱 훑더니) 현장 처음이죠?
정구   네?
강희   (가방 열이 뭔기 주섬주섬 꺼내는) 바지통 넓으면 걸려 넘어지기 쉬우
       니까 이거.. (주며) 각반 차시고. 넥워머도 가급적 하세요. 먼지 많아요.
정구   (얼떨결에 각반과 넥워머 받는)
강희   계약서는 쓰셨어요?
정구   아뇨, 아직.
강희   계약서 쓸 때, 일당 지급일 꼭 확인하세요.
       현장 아시바, 아니 비계가 워낙 낡은 재활용 자재라 지나다닐 땐 각별
       히 안전 조심하셔야 돼요. 또.. (생각하다가)

아, 반장이 고철 모으라고 닦달하는 건 안 해도 돼요. 어차피 팔아서
뻥땅 칠려고 들볶는 거니까.

정구   (강희가 말할 때마다 아... 아... 끄덕이다가)
        인테리어 디자이너였다면서요?

강희   네?

정구   소장님한테 들었어요. (명함 주는)

강희, 명함 보는데. 현장의 원청사이기도 하고
업계에서 이름난 인테리어 업체. 모먼트 이사 황정구 명함이다.

정구   정식으로 인사할게요.
        현장 책임자로 새로 온 황, 정구라고 합니다.

강희   (놀라서 보면)

정구   디자이너로 다시 시작해보는 거 어때요?

강희   (너무 하고 싶다. 마른침 삼키는)

정구   (흥미롭게 보며. 대답 기다리는데)

강희   (갈등하다 결국 포기) ..말씀은 고맙지만 괜찮습니다.

정구   왜요? 블랙리스트 때문에?

강희   (그걸 알고도? 놀란)

정구   6개월 치가 밀렸었다면서요?
        그런 상황에서 임금 체불 신고하는 거, 당연한 거잖아요.
        그러라고 노동부가 있는 거고. 제도가 있는 건데.

강희   ...

정구   회사도, 사장도 문제 있는 거.. 업계 사람들 다 알아요.
        뻔히 알면서 블랙리스트니 뭐니 불이익 주는 건 잘못된 관행이고.
        그런 치사한 데 말고 우리 모먼트 와서 (하는데)

강희   (말 자르며 OL) 모먼트는 다를까요?

정구   네?

강희   트라이 안 해봤을 거 같아요?

학력 제한 없다더니, 4년제 아니라고 이력서도 안 받던데요.

정구   아... (이번엔 정구의 말문이 막힌)

강희   희망 고문. 하지 말아주세요.

#21. 모먼트 건물 앞

인테리어 회사답게 멋진 외경의 건물 앞.
작업복이 아닌 슬랙스에 재킷을 걸친 강희, 건물을 올려다본다.

-인서트/ #20 연결

정구   그럼 모먼트가 아니라
       나! 황정구 믿고 와요.
       이번에도 부당하게 굴면 내가 편먹고 싸워줄 테니까.
       포트폴리오, 언제까지 준비할 수 있어요?

강희, 심호흡하고 건물 안으로 들어간다.

#22. 이사실 앞

포트폴리오를 챙겨 정구를 찾아간 강희.
강희 또래의 여비서가 맞이한다.

강희   이사님 뵈러 왔습니다.

비서   (직업적인 미소) 성함이?

강희   지.강.희.라고 합니다.

비서   아...! 그.. (지강희?)!

(강희 손에 들린 포트폴리오로 눈길) 놓고 가세요.

강희　네?

비서　이사님 지금 안 계시니까, 놓고 가라고.

강희　(보다가) 기다리겠습니다.

비서　그럼 뭐.. (턱짓으로 소파 가리키는)

대놓고 무시하는 비서 태도에 불쾌하지만. 강희, 소파로 가서 앉는데
비서가 통화하는 소리 고스란히 들린다.

비서　야, 대박.. 진짜 왔다!

강희, '설마 내 얘기? 사람 앉혀놓고 뭐지?' 싶은 기분으로 비서 보는데.

비서　황 이사 미쳤나 봐. 대표이사 못 되고 현장으로 쫓겨났으면 눈치가 있
어야지...
내 말이!! 지도 짤릴지 말지 하는 판에 공사장에서 일하던 잡부 낙하
산이 웬 말이냐고!

모멸감을 느끼는 강희, 일어나 비서 앞으로 가는데.
비서, 아랑곳하지 않고 통화 삼매경에 빠졌다. 오히려 들으라는 듯 더
크게.

비서　디자인팀에서 당연히 안 받지. 황 이사 라인이라고 나도 밀려났는데.
너 같으면 받겠냐? 노가다 뛰던 애를?

강희　(못 참겠는) 저기요.

비서　(전화에 대고) 잠깐만.
(전화기 내리더니 강희에게 대뜸) 학교는 어디 나왔어요?

강희　…

제대로 현타 온 강희, 조용히 포트폴리오 챙겨 나온다.

#23. 모먼트 건물 앞

분하고 허탈하지만. 현실의 벽 앞에 어쩌지 못하고 건물 빠져나오는데.
고개 숙인 강희를 막아서는 누군가.
강희, 고개 들면 19살의 연수다.

강희   (보이고 싶지 않은 모습을 들킨 당혹감으로) 뭐? 왜?!
여긴 또 왜 따라왔어?! 비켜!!

강희, 가려고 하면. 막아서는 19살 연수. 부드럽지만 단호하다.
방향 바꿔도 계속해서 막히는 강희. 결국 포기하고 멈춰 선다.

강희   알아... 지금 나, 안 멋진 거.
연수   (말없이 미소로 보는)
강희   들어갈 거야! 들어가서 정면승부 할 거라고!
나 몰라?! 나 깡희야!!

#24. 화장실

거울 앞에서 비장하게 진한 스모키 화장을 하는 강희.
새빨간 립스틱까지 바르면. 센캐 변신 완성이다.

#25. 이사실 앞

작정하고 쳐들어간 강희, 놀란 비서가 미처 방어태세를 갖추기도 전에
다다다다 한바탕 발라버린다.

강희   그러니까 디자인팀에서 밀려났겠지.
        니가 모시고 있는 황 이사님. 업계에서 전설 같은 존재 아냐?!
        그런 분이 공사판에서 일하는 잡부인 거 뻔히 알면서 날 스카웃 하겠
        다고 불렀을 땐, 내가 가져온 포트폴리오부터 궁금해하는 게 순서 아
        닌가? 디자이너라면? 어?
비서   (당황. 무안)
강희   내 실력이 어떤지, 내 디자인이 어떤지 궁금하지도 않아?
        보여줄게. 내가 어떤 사람인지. 어떤 디자이넌지!!

        말문 막힌 비서를 밀치고 당당하게 이사실로 가려고 하면.
        다급하게 막아서는 비서.

강희   너 아니잖아. 이사님 본인하고 얘기한다고!
비서   그게 아니라 지금 이사님..
강희   비켜!

        비서가 막아서는데도 밀치고 문 열면. 갑자기 고막을 때리는 음악 소리.

#26. 이사실

        영화 로키2의 연습곡이다. 빠밤빰. 빠빰빰!!!
        정구, 음악 틀어놓고 샌드백 스파링 중이다.
        일전에 현장에서 본 허름한 작업복 차림과는 달리 말끔한 비즈니스
        슈트 차림이다. 재킷은 벗어두고. 운동화에 셔츠 차림으로.
        강희, 뜻밖의 광경에 당황해서 보는데.

정구   아! 왔네요. (스파링 멈추는)

강희   죄송합니다. 밖에선 아무 소리도.. (하는데)

정구   와우! 눈 화장 대박! 스모키 메이크업이 왜 이렇게 잘 어울려?
         메이크업, 항상 이렇게 해요?

강희   가끔이요. 필요할 때만.
         저한텐 일종의.. 전투복 같은 거라.

정구   전투복! (글러브 낀 양손 팡팡 부딪치는)
         그 태도, 아주 맘에 드네. 그럼 무기는?

강희   네?

정구   포트폴리오.

강희   아! (포트폴리오 건네면)

정구   (글러브 벗으며) 볼까요?

         강희의 포트폴리오를 넘기는 정구의 눈빛이 진지해진다.

#27. 인테리어 디자인팀

         회의실이 비었음에도 마치 결재받으러 온 부하직원 다루듯이
         굳이 자기 책상 앞에 강희와 정구를 앉힌 목 실장.

목실장   (강희 이력서 펄럭) 어디서 이런...

정구   (포트폴리오 들이미는) 실력을 봐야지. 목 실장 안목 최고잖아.

         목 실장, 마지못해 포트폴리오 펼쳐보다가. 어라? 관심이 가는지 자세
         히 보는.

목실장   (의심 가득) 이거 본인이 한 거 맞아요?

강희   네.

목실장	말이 안 되잖아. 공사판에 왜 나갔어요?
	캐드, 스케치업, 맥스를 이 정도로 다룰 줄 알면 알바가 차고 넘칠 텐데. 페이도 그게 훨씬 좋았을 거고.
강희	도면 알바 했던 현장이었습니다. 도면이 실제로 어떻게 구현되는지 보고 싶었어요.

정구, '어때, 이 정도면 합격이지?' 하는 시선으로 목 실장 보는데.
목 실장, 책상 서랍에서 뭔가를 꺼내 정구 앞으로 툭 밀어준다. 보면 다른 이력서다.

목실장	한발 늦었어요.
정구	...!!
목실장	대표님 추천!
	뉴욕 파슨스 졸업에 락웰 그룹 인턴 이력까지.
	전문대 졸업에 노가다판 뛴 거랑은 차원이... (절레절레)
강희	(알아듣고 일어나려는데)
정구	(강희 손 잡아 앉히며) 한남동 더퍼스트빌리지 알지? 정원 딸린 120평 빌라.
목실장	...??
정구	리모델링 건 있는데.. 어때?
	나한테 개인적으로 의뢰 온 거라 비딩 없어. 버짓 제한도 없고.
목실장	(구미 당기는)
정구	건축&스타일에 지면도 잡아놨어. 특집 기사로.
	인테리어 대전, 상 받기 딱 좋은 사이즈 아냐?
목실장	그래서요?
정구	목 실장이 해주면 좋을 거 같은데.. 지강희 씨도 배울 게 많을 거 같고.
목실장	(밀당 시작) 황 이사님 컨펌.. 받아야 되는?
정구	노노! 목 실장 프로젝튼데 내가 왜?
목실장	그럼.. 실적도? (설마 하면서도 던져보는)

정구   것도 목 실장이 챙겨. 대신, 지강희 씨만 받아줘. 프로젝트 담당 디자
       이너로.

목실장   (좋아 죽지만 고민하는 척) 일단 인턴으로 가죠.
       정식 입사는 프로젝트 같이 해 보고 3개월 후에 결정하는 걸로.

정구   콜!!

#28. 복도

걸어 나오는 정구와 강희.
만면에 미소인 정구와 달리. 강희는 뭔가 불편한 표정이다.

강희   (멈춰 서서 대뜸) 저 좋아하세요?

정구   네?

강희   왜, 이렇게까지 하세요? 처음 보는 나한테?

정구   (미소) 두 번째 아닌가. 앞으로 계속 볼 거고.

강희   (여전히 납득 안 되는) ...

정구   강희 씨가 먼저였어요. 처음 본 나한테 잘해준 거.

강희   그거야 일하러 오신 분인 줄 알았으니까..

정구   (OL) 강희 씨가 알려준 덕분에 철근 빼돌리는 거, 자재 속이는 거, 일
       당 지급 밀리는 거.. 현장 상황 한방에 다 파악했고 소장 이하 오야지
       들 완전히 장악했어요.

강희   !! (놀란)

정구   그러니까 나, 빚 갚은 거예요.

강희   (보다가) ...기회 주셔서 감사합니다. (머리 숙여 인사하면)

정구   한 가지만 더 분명히 하죠.

강희   ?

정구   나, 남자 엄청 좋아해요. (미소)

강희   (마주 웃는)

#29. 몽타주

쉬는 날마다 서울에 올라오는 연수 모습 몽타주

-버스 안
버스에서 창밖 보는 연수

-택시
택시에서 창밖 조명으로 반짝이는 서울 도심 보는 연수

-지하철 안
지하철에 선 채 흔들리며 한강 다리 건너는 연수

#30. 인테리어팀 회의실

목 실장과 디자이너들 자리 잡고 앉아 있으면.
강희, 커피 담긴 쟁반 들고 회의실로 들어와 한 잔씩 쭉 돌리고.
자리에 앉으려 하는데.

목실장   지강희 씨?
강희   네?
목실장   인턴은 자리 잘 지키고, 전화 잘 받는 게 할 일이야. 나가 봐.

강희, 무안해져서 돌아서 나오는데
정구가 보고 있었다.

정구   (아무것도 못 본 사람처럼 활짝) 지강희 씨! 선물. (명함통 주는)
목실장   (못마땅) 인턴한테 명함은 무슨...

정구	클라이언트 만나는데, 당연히 명함이 있어야지.
목실장	(뜨악) 데려가라구요? 인턴을?
정구	당연하지. 담당인데. 클라이언트한테도 그렇게 말해놨어.
	미팅, 잘하고 와요. (강희 어깨 토닥 해주고 가는)

#31. 빌라

강희와 목 실장, 클라이언트 미팅 중이다.
넓은 빌라. 빈집 곳곳에 빈티지 가구들 놓여 있고.
클라이언트인 금석경(남, 32세).
미니멀한 캐주얼 차림이지만 죄다 에르메스다.

석경	무조건 제일 비싼 거!!
	대안, 차선, 가성비 이딴 거 필요 없고 그냥 뭐든 최고로 해주시면 됩
	니다.

석경의 화끈한 말에 목 실장 입이 귀에 걸렸다.

목실장	최선을 다하겠습니다. 그럼...
	(미팅 노트 챙겨 일어나며 강희에게) 가지. (하는데)
강희	그냥 가요? 미팅도 안 하고?
석경	!!
목실장	(석경 의식하며 작은 소리) 미팅했잖아, 지금.
강희	(큰 소리) 돈 낼 사람 말고, 실제로 여기 살 신혼부부를 만나야죠. 그
	분들이 어떤 집을 원하는지, 어떤 컨셉으로..
목실장	(말 자르며) 그걸 우리가 제안해야지. 컨셉 보드부터 준비해서.
	(석경에게) 죄송합니다. 이 친구가 아직 인턴이라... (하는데)
석경	(손 들어 목 실장 말 멈추고. 명함 들어 이름 확인하며) 지강희 씨?

강희   (덤덤하게 석경 보는)

목실장   (저거 저거, 사고 칠 줄 알았다. 못마땅 강희 째리는데)

석경   좋은 지적이네요. 서프라이즈할 욕심에.. 내 생각이 짧았어요.
       잠시만요. (핸드폰으로 부지런히 톡 하는)

목 실장, 똥 씹은 표정이고. 강희는 덤덤하게 노트에 현장 스케치하는.

석경   (답톡 보더니) 2시간 후면 올 수 있다네요.

목실장   (난감) 어쩌죠... 제가 오늘은 중요한 회의가 있어서...

석경   (표정 확 바뀌며 정색) 어이가 없네.
       이 친구들을.. 오지 말라고 해야 되는 상황인가요, 지금?

목실장   (헉! 당황하는데) ...

강희   오늘 미팅은 제가 하고.. 회의록 작성해서 공유하면 어떨까요?
       제가 잘 듣고, 최대한 자세하게 보고 올리겠습니다.

목실장   (괜찮겠냐고 석경 보는)

석경   (못마땅한 표시 확확 내더니) 오늘만입니다!!
       앞으로는 무조건 이거에 올인해주세요.

목실장   (쩔쩔매며) 양해 감사합니다.
       (강희에게) 수고해.

목 실장, 가면. 강희와 석경 둘만 남는다.

강희   기다리는 동안 실측하겠습니다.

레이저 측정기와 줄자 꺼내 실측하고. 스케치 노트에 기록하는데.
그런 강희에게서 노골적으로 시선 고정한 채 보는 석경.
강희도 석경의 시선 의식하고 돌아본다.

석경   우리 혹시... (갸웃하는데)

강희   (실측 기록하며 무심히) 저랑 잤었나요?

석경   (웃음 터진) 와, 세다! "나한테 관심 있냐".. 정도 예상했는데.

강희   (측정기와 노트 내려놓으며) 커피 한잔하실래요?

석경   그러시죠.

강희   제 거 사러 갈 건데, 뭘로 사다 드려요? (나가는)

석경   아.. 아!! (민망. 후다닥) 같이 가요!!

#32. 서울 도심 외경

빌딩 숲. 차들로 붐비는 서울 도로. 그중에 한우의 외제차도 있다.

#33. 한우 차 안

한우가 운전하는 차. 옆자리에는 연수가 앉았다.
연수, 창밖 보고 있다.

한우   (연수 흘끔) 넌 쉬는 날마다 서울 오더라.

연수   ..서울이니까.

한우   서울이 뭐?

연수   나한테 서울은.. 지강희니까.

한우   (비웃음) 그런다고 마주칠 거 같냐? 서울 인구가 천만이다. 천만!

연수   그래도 확률이 0은 아니잖아.

한우   (답답한) 만나면 뭐? 어쩔 건데?!

연수   만나면... 내가 알아볼 수 있을까? 지강희?

#34. 카페

연수, 놀란 표정으로 숨 멈추고 보는.
연수의 시선이 닿은 곳.
강희가 카운터에서 커피 주문하고 있다. 옆에는 석경이 있고.
석경, 카드 내려는데. 강희가 빨랐다.

강희 모먼트가 사는 겁니다.
석경 (머쓱한)

연수가 꼼짝도 못 하고 보고 있는 사이.
커피 받아서 나가 버리는 강희와 석경.
얼빠진 듯 바라만 보고 있는 연수. 불러보려 하지만 목소리가 안 나온다.
이때 한우가 들어온다.

한우 (연수 표정에) 왜 그래?
연수 지강희..
한우 뭐?! (돌아보지만. 이미 없고)
연수 (앉은 채) 다리에 힘이 풀려서.. 목소리도 안 나오고...
한우 이런 미친!! 일어나 새끼야! (잡아 일으키는)

#35. 카페 앞 도로

오가는 사람 많은 카페 앞 도로. 뒤늦게 강희를 찾는 연수와 한우.
하지만 어느새 사라진 뒤다.

한우 강희 혼자였어?
연수 어떤 남자랑..

#36. 빌라

석경   우리 할아버지였어!!

소파에 마주 보고 앉은 네 사람.
석경과 강희가 나란히.
맞은편에 석경의 소꿉친구인 에스더(여, 32세)와 예비신랑 빅터가 앉
았다.
석경과 에스더, 한바탕 설전 중이다.

에스더   아니야. 우리 어머니였다니까!
석경   아니거든! 부모님들은 우리 대학 졸업 때까지 기다리자고 합의 보셨
          대. 근데, 할아버지가 서두르신 거야.
에스더   아, 몰라! 그게 뭐가 중요해? 니가 싫다고 가출한 건 팩트잖아!!
빅터   덕분에 내가 행운아가 됐지. (에스더 어깨 당기며) 고맙다 금석경!
에스더   (빅터 가슴팍에 안긴 채) 고맙다 금석경!
빅터   (에스더의 머리며, 귓불이며, 뺨이며 터치하는)
에스더   하지 마~ (하면서도 기분 좋은 웃음 터지는)
빅터   (더 만지는)
에스더   하지 말랬다! (하더니 그대로 고개 돌려 키스한다)

예비부부의 갑작스러운 딥 키스에 강희, 황당한데.
쓱 손 내밀어 강희 눈을 가리는 석경.

석경   (강희에게) 죄송합니다.
          (에스더와 빅터 향해) 니들 빨리 안 떨어져?!
강희   (석경의 손 내리며) 상담 시작할까요?

#37. 빌라 일각

강희와 에스더 상담 중이다.

에스더   난 근엄하고 딱딱한 환경에서 자랐어요.
         그래서 집은 좀 재밌었으면 해요.
강희   재밌는 집... 이 집에서 뭘 하면 재밌을 거 같아요?
에스더   만화방이 있으면 좋을 거 같아요.
         눈치 안 보고 만화책 맘껏 읽고, 친구들 불러서 게임도 하고..
강희   그럼.. 뻔한 신혼집 말고 반항아의 아지트처럼 한번 꾸며볼까요?
에스더   (눈이 반짝) 오... 인테리어 상담이 이렇게 재밌는 거였어요?
         (멀리 있는 석경 향해) 금석경! 니 선물 신박해. 완전 맘에 들어!

석경, 빅터와 한쪽에서 이야기 나누다가 에스더 보는데.

빅터   어어.. 내 선물보다 더?
석경   (어이없어 보는데)
에스더   빅터! 설마 질투?
빅터   내 선물도 자랑해, 빨리.

석경, 한심하게 빅터 보는데.
에스더는 그 와중에 "귀엽지, 우리 빅터?" 하며 석경에게 동의 구한다.

(시간 경과)
에스더와 빅터 팔짱 끼고 나가며.

빅터   다 같이 한잔하자니까.
석경   됐어. 우린 회의 더 해야 돼.
에스더   (강희 향해) 기대돼요. 연락 주세요. (손으로 콜 하라는 사인)

에스더와 빅터 나가면. 굳어지는 석경.
강희, 느끼고 보면.

석경   두 사람. 잘 어울리는 거 맞습니까?
강희   ...
석경   지강희 씨 보기에, 빅터 저 친구.. 어때요? 괜찮아 보여요?
         질투하는 게 아니라, 이게 뭐랄까...
강희   불안한 거죠. 일종의 부채감?
석경   ..!!
강희   그때 도망친 게 아직도 미안하고 빚진 기분인가요?
석경   ...에스더가 날 따라 했어요. 나처럼 가출은 아니고, 유학이었지만.
         집안에서 정해준 결혼 상대들, 다 거부했거든요.
강희   여사친분이 끊임없이 메시지를 보내던데요.
석경   ??
강희   나 이제 행복하다고. 그러니까 그만 미안해하라고.
         그래서 오바하는 거 같았어요. 제가 보기엔.
석경   ...!!
강희   최고의 결혼 선물이 될 거예요.
         여사친분이 바라시는 편안하고 놀이터 같은 집.. 제가 만들어 드릴게요.

#38. 인테리어팀 강희 자리/ 몽타주

-인테리어 이미지 스케치하는 강희
-패브릭 스탁 뒤지며 자료 찾는 강희
-캐드 작업에 몰입하는 강희 모습 보며 디자이너들 몰려 쑥덕댄다.

직원1   왜 저래?
직원2   우리도 안 새는 밤을 왜 지가 새는 건데!

직원3   3개월짜리 인턴 주제에...

직원1   저런다고 목 실장님이 거들떠나 볼까?

#39. 인테리어팀 회의실

전투복 메이크업의 강희, 테이블 위에 시안 펼쳐놓고. 긴장한 채 목
실장의 평가 기다리는데.
목 실장 강희 시안에 관심도 없다. 볼 가치도 없다는 태도로.

목실장   지강희 씨.. 크리에이티브하고 성실한 건 알겠는데 우리 회사와는 좀
           맞지 않다고 해야 하나?

강희   맞지 않는 게 전가요? 아니면 제 디자인인가요?

목실장   (피식) 솔직하게 말할게. 나... 편견 있어.
           학벌, 집안, 스펙, 외모. 좋을수록 좋다고 생각하니까.
           하지만 실력에 대한 편견은 없어.

강희   학벌, 집안, 스펙, 외모에 편견 있는 사람이 편견 없이 실력을 평가할
           수 있을까요?

목실장   그런 편견을 뛰어넘어야 진정한 실력 아닐까?

강희   !! (잠시 말문 막혔다가)
           클라이언트가 제 시안을 좋아할 수도 있잖아요.

목실장   이딴 걸?

강희   (얼굴 빨개지지만. 주먹 꽉 쥐고) 클라이언트가 원하는 걸 최대한 반
           영했습니다. 라이프스타일도 충분히 분석했고.. (하는데)

목실장   착각하지 마. 클라이언트에 대해 강희 씨가 뭘 아는데?

강희   ...

목실장   친구 결혼 선물로 120평짜리 신혼집 인테리어를 해준다? 그것도 비용
           상관없이? 어나더 클라스지.
           고시원 살면서 노가다 뛰는 너 같은 밑바닥 인생은 감히, 그 세계에 범

접할 수가 없다고!!!

강희   (순간 멍해지는데)

목실장   서로 힘 빼지 말고 그만하자. 그동안 수고했어.

강희   저.. 잘린 건가요, 지금?

목실장   강희 씨 캐드 실력은 인정. 나중에 알바거리 있으면 연락할게.

강희   …

#40. 화장실

강희, 화장실 들어서며. 주르르 있는 세면대 수도꼭지 차례로 튼다.
수돗물 콸콸콸 쏟아지게 틀어놓고.

강희   개나리 십장생 씨발라먹은 수박 조카 십팔색.. (격해지는데)

이때 화장실 문 열리며 나오는 정구.
내색 없이 강희가 틀어놓은 수돗물에 손 씻더니. 당황한 강희를 향해.

정구   따라와요.

#41. 이사실

정구, 블라인드 돌려 밖에서 안 보이게 하고. 시끄러운 음악 틀어준다.
강희, 영문 몰라 보면.

정구   들어올 사람 없으니까. 하던 거, 마저 해요.

강희   (보면)

정구   (끄덕) 나도 자주 해요. 그럴려구 여기, 내 돈 들여 방음했잖아.

필요하면 글러브도 쓰고.

정구, 강희 혼자 두고 나간다.

#42. 인테리어팀 회의실

정구, 강희가 작업한 시안 보고 있다.
목 실장은 못마땅한 듯 삐딱하게 앉아 정구 보는.

정구   (진지하게 보다가) 좋은데?
목실장   에?
정구   독특하고, 코지한데 한편으론 또 시크해.
목실장   (어이없는) 시크? 이게요?
         굳이 칭찬하자면 재미는 있죠. 뭐, 개성도 있고.
         근데 투머치야, 이건.
정구   왜? 난 보자마자 조나단 애들러 생각났는데!
         색 조합 장난 아니잖아. 가구도 이런 스타일로 리폼하면 멘디니 작품
         같겠어.
목실장   (보다가) 지강희 만났죠? 잘렸다고 그새 가서 일러바쳤어요?
정구   잘랐어?! 프로젝트 중에 담당 디자이너를?! (열받은)

#43. 인테리어팀 강희 자리

자리에서 짐 정리하는 강희에게 위로랍시고 한마디씩 건네는 디자이
너들.
강희 미소로 화답하지만. 마음의 소리로는 할 말 하는.

직원1   서운해서 어쩌지.

강희E   (미소로 보며) 지랄.

직원2   디자이너 찾는 회사 있으면 연락해 줄게.

강희E   (더 활짝 미소) 됐거든. 뒷담이나 까지 마.

직원3   가끔 놀러 올 거지?

강희E   (푸하 웃음 터지고) 너 같음 오겠냐?

말끔하게 정리된 책상 위에 출입증을 내려놓는 강희.
의자까지 밀어 넣고. 직원들 보는.

강희   그동안 감사했습니다.

직원1   송별회는 해야지.

강희   (미소) 해주실 건가요?
그럼 해주세요. (디자이너들 당황해하면)
실장님한테 인사드리고 올게요.

#44. 인테리어팀 회의실

정구와 목 실장 싸우는 중이다.

정구   강희 씨 건 메인으로 가자는 게 아니잖아
다른 시안들하고 같이 PT만 해달라는데 그게 무슨 월권이야?

목실장   이사님이 아직도 디자인실 실장인 줄 아세요?
그렇게 감 떨어져서 밀려나신 거잖아요.

정구   목 실장!!

목실장   나더러 저따위 싼마이를 가져가라구요?
싸구려 시골 모텔방 같은 저걸?

#45. 인테리어팀 회의실 앞

인사하려고 다가간 강희에게 회의실 안의 소리 고스란히 들린다.

목실장E 저 디자인은 B급이에요.

강희, 주먹 꽉 쥐고 어금니 깨물며 참는데. 이어지는 목 실장 목소리.

목실장E 아니, 이사님이 갖다 떨군 지강희 자체가 어쩔 수 없는 B급 촌년이라 구요.

강희, 못 참고 회의실 문 열어젖힌다.

#46. 인테리어팀 회의실

정구, 놀라서 강희 보는.
목 실장도 당황하는데.

강희 (차분한 미소) 내가 B급이면, 실장님은 F죠.
남의 디자인이나 짜깁기하는 F!

목실장 뭐?

강희 온갖 아카이브에서 좋아 보이는 건 죄다 갖다 복붙! 복붙!
심지어 팀원들 썸네일까지 가로채는 갑질, 아니 악질.

목실장 (붉으락푸르락) 너... 너, 말 다 했어?

강희 가로채는 김에 내 시안도 챙겨 가시라구요.

목실장 (강희 시안 집어던지며) 들고 꺼져! 너 해고야!

강희 아니, 실장님이야말로 해고죠!
내 인생에서 완전히 아웃!

#47. 복도

옆구리에 자신의 시안 보드 끼고 걸어가는 강희.
정구가 따라 나왔다.

강희   기회 주셨는데 죄송합니다. 이사님. (꾸벅하는데)
정구   강희 씨 탓 아니지. 내가 어떻게든 (하는데)
강희   (OL) 아니오. 차라리 공사장에서 땀 흘리는 게 편하고 떳떳해서요.
         여기까지만 하겠습니다.

강희, 정구에게 고개 숙여 인사하고 간다.

#48. 몽타주

-지하철
시안 들고 지하철에 흔들리며 가는 강희

강희E   이렇게 살려고, 서울 온 거 아닌데..

-비탈길
슈퍼에서 소주를 사 들고 비탈길 올라가는 강희

강희E   이따위로, 후지게 살려고, 너 버린 거 아닌데...

#49. 비포장도로

비포장 산길을 운전하는 연수.

언덕 위에 차를 세우고 내려 걷는데. 연수 옆을 지나는 꼬맹이들.
9살 연수와 강희다.

연수 가족끼린 결혼 못 한대. 너 알고 있었어?
강희 (시크한) 이미 가족인데, 결혼을 왜 해?
연수 싫어. 난 결혼할 거야. 나랑 결혼해주라, 강희야.
강희 뭐래? (하늘 보더니) 어? 눈이다.

연수, 강희 따라 하늘 보는.
강희, 눈을 감고 하늘 향해 입을 벌린다.

강희 천연수... 너 그거 알아?
첫눈 열 번 먹으면. 첫사랑이 이루어진대.
연수 진짜?!! 한 번, 두 번, 세 번...

연수, 하늘 향해 입 활짝 벌리고 뛰어다니며. 부지런히 눈 받
아먹더니.
강희에게 달려와,

연수 열 번 먹었어. 인제 결혼해 줄 거지?
강희 바보. 곰탱이.

연수, 꼬맹이들 바라보며 서 있다가.
양팔 벌리고. 하늘 바라보는데. 첫눈이 내리기 시작한다.

#50. 고시원 옥상

강희, 고시원 옥상에서 병째 깡소주 마시는데. 첫눈이 내리기 시작한다.

강희　　　미치겠다. 눈만 오면 왜 자꾸 니가 생각나는 건데!

#51. 언덕 1부 79

하늘 바라보며. 첫눈 받아먹고 있는 연수.
이때, 숨차게 달려오는 사람, 승언이다.

승언　　　(멀리서부터 부르며 달려오는) 연수야!!
연수　　　(돌아보면)
승언　　　너 왜 전화 안 받아?

승언의 분위기에 연수도 직감하며 표정 굳어지는.
차를 향해 달린다.

#52. 요양병원

병상에 누운 연수 할아버지의 손발 주무르는 춘필.

춘필　　　연수 곧 옵니다.
조금만 더 버텨주세요. 부탁입니다.
원장님 좋아하시는 노래 불러드릴게요.

춘필, 연수 할아버지의 손을 잡고. 나지막하게 노래 부른다.

♪~ 나의 살던 고향은 꽃 피는 산골~
복숭아 꽃~ 살구 꽃~ 아기 진달래
울긋불긋 꽃 대궐 차린~ 동네

그 속에서 놀던 때가 그립습니다~ ♪

노래 부를수록 춘필, 목이 메어오는데.
이때 연수가 들어온다.

춘필   연수야!!

어찌할 바 모르고 서 있는 연수에게,

춘필   너 보려고 여태 버티셨다. 잘 보내드려..
        나머지 절차는 아저씨가 다 알아서 할게. (어깨 토닥여주고 나가는)
연수   (그제야. 할아버지 가슴 위에 엎드려 끌어안으며) 할아버지..

#53. 장례식장

국화꽃으로 가득 덮인 제단 위에 영정사진 놓이는데.
연수 할아버지다.
검은 상복의 연수, 할아버지 사진 보며 서 있다.

#54. 장례식장

한우와 승언, 방명록 놓인 곳에서 조문객을 받고 있는데
끊임없이 이어지는 젊은 여자들의 행렬.

아름   와... 하나읍 여자들은 여기 다 모인 거 같다.
승언   강희도 와야 할 텐데...
한우   오겠냐? 10년째 연락 끊고 사는데?

아름	와야지. 손녀딸이나 마찬가진데! 할아버지가 강희를 좀 챙기셨어?
승언	아저씨가 문자는 보내셨다는데.. 답이 없대.
아름	지강희 진짜... 이번에도 안 오면 나 걔랑 완전 끝이야!!
한우	난 솔직히.. 안 왔으면 좋겠다.
아름,승언	?? (한우 보면)
한우	연수, 이제 좀 살 만한데. 강희가 또 흔들어놓고 가버리면?
	저 녀석 어쩌냐. 불쌍해서.

#55. 장례식장 식당

하나읍 사람들 죄다 집합한 듯 웅성웅성 모여 앉았다.

용수철물	오래 누워 계셨지.
라라	그래서 그런가. 연수는 울지도 않데.
동네남자	긴장해서 그러겠지. 상주하긴 아직 어리잖어.
동네여자	순자는 하필 이럴 때 결혼을 해 가지고.
라라	순자 아니고, 수지!!
	그리고, 이럴 때가 어떨 땐데? 아버지 누워 계신다고 결혼도 못 해?
동네여자	처음 결혼도 아니고. 두 번째, 세 번째도 아니고 네 번짼데.
	나 같으면 그냥 조용히 살겠네. 신혼여행은 무슨.. 그것도 해외씩이나.
라라	시끄러! 춘필 오라버니가 상주 하면 됐지.
용수철물	춘필이가 강희한테 연락은 했겠지?
동네여자	강희 고거.. 진짜 어떻게 변했을라나?
라라	그 성질머리 어디 갔겠어? 오죽하면 강희가 아니라 깡희였을까. 깡!희.

이때 누군가의 "지강희다!" 외침에
일시에 모든 사람들이 강희 바라본 채 동작 그만. 얼어붙었다.
누군가는 편육을 집었고, 누군가는 육개장을 떴고, 누군가는 소주잔을 든 채 그대로 스틸 잡힌 사람들 사이로 걸어가는 강희.
모두가 정지화면인데.
반대쪽에서 검은 상복을 입은 연수가 강희를 향해 다가온다.
강희의 기억 속 곰탱이 연수와는 전혀 달라진 외모 천재 연수가 다가
올수록.
강희, 누군지 몰라 긴장하는데.

연수   강희야...
강희   (못 알아보고) 누구....? (하는데)
연수   강희야! 지강희!! (강희를 와락 끌어안는다)
강희   (너무 놀라) 이, 이봐요. (벗어나려 버둥버둥) 저기요? 이보세요?
연수   (소리 내어 울기 시작한다)

맞닿은 가슴으로 고스란히 전해지는 연수의 떨림에. 강희, 버둥거리
길 멈춘다.

연수   (맞닿은 가슴 떼어내 강희 보며 울음기 가득)
       할아버지가 돌아가셨어. 강희야.
강희   설마... 천연수?

눈물 맺힌 눈으로 강희 보는 연수와
변해버린 연수를 당혹스럽게 바라보는 강희.
두 사람에서 엔딩.

1부 끝.

2부

#1. 장례식장

장례식장 상주 자리에 서서 조문객 기다리는 연수와 춘필.
연수, 문 쪽만 하염없이 보고 있다.

춘필   (그런 연수 안쓰럽게 보다가) 느이 엄마, 곧 올 거야.
연수   네..
춘필   (알아챈) 엄마 아니구나, 니가 기다리는 사람...

이때 들리는 누군가의 외침. "지강희다!"

연수   !!

반가움과 긴장감이 뒤섞인 연수 표정 위로.

♪ 생일 축하합니다~

#2. 모텔 캘리포니아 로비 (과거)

강희 생일 축가 연결되는.

~생일 축하합니다~ ♪
사랑하는 지강희~
생일 축하합니다~ ♪ ♪~~

춘필이 기타를 치고.
그 앞에 서서 다 같이 노래하는 18살의 연수, 한우, 승언, 아름.
저 멀리 미스터 권도 신나서 합창하는데.
이때 계단에서 내려오는 18살의 강희.
파카에 털모자에 털장갑까지. 잔뜩 껴입고 내려온다.
다들 합창 멈추고 의아하게 강희 보면.

강희 (인상 팍) 지긋지긋해.

모두를 지나쳐 휙 나가 버린다.
다들 벙찐 표정으로.

#3. 모텔 앞 (과거)

하얀 눈이 펑펑 쏟아진다.
아무도 밟지 않은 하얀 눈길을 걸어가는 강희. 멈춰 선다.
뒤돌아서 보면.
눈 쌓인 하얀 길 끝에. 화려한 크리스마스 조명 반짝이는 모텔 캘리포
니아.
묵묵히 바라보던 강희, 벙어리장갑 벗고 모텔 향해 손가락으로 뻑큐

날린다.
다시 돌아서 멀어져 가는데.
이때 모텔 문이 열리며 누군가 달려 나온다. 곰탱이 연수다.

연수   강희야! 같이 가, 지강희!!

강희, 못 들은 척 걸어가지만. 속도 늦췄다.
숨 가쁘게 달려온 연수, 강희 앞을 양팔 벌려 막아선다.

연수   같이 가자니까.
강희   어딜? 내가 어디 가는 줄 알고.
연수   (숨차서 헐떡이며) 어디든.
         지강희 너 가는 데 어디든 내가 같이 간다고.
강희   (보다가) 니가 왜?
연수   (당황한) …
강희   (연수 비켜 가려 하면)
연수   (다급하게) 좋아해!!
강희   !!

#4. 장례식장 복도

상복임에도 슈트핏을 감출 수 없는 연수, 어딘가로 시선 고정.
스틸 잡힌 듯 멈춰 있는 사람들 사이로 강희가 걸어오는데.
조문객들 모두 지워지고. 연수 눈엔 오직 강희만 보인다.
연수, 저도 모르게 달려가 강희를 끌어안는다.

연수   강희야. 지강희!!
강희   (너무 놀라) 이, 이봐요. (벗어나려 버둥버둥) 저기요? 이보세요?

연수   (소리 내어 울기 시작한다)

맞닿은 가슴으로 고스란히 전해지는 연수의 떨림에. 강희, 버둥거리
길 멈춘다.

연수   (맞닿은 가슴 떼어내 강희 보며 울음기 가득) 할아버지가 돌아가셨어.
강희야.
강희   설마... 천.. 연수?

강희, 변해버린 연수를 당혹스럽게 바라보는데
문득 주변 상황이 눈에 들어오는.
장례식장 모든 사람들의 시선이 둘에게 고정됐다.
소주잔을 든 채, 낭창이는 돼지수육을 집은 채, 일회용 스푼에 시뻘겋
게 육개장을 뜬 채. 모두가 침묵으로 주시하고 있는.

강희   (연수 확 밀치며) 비켜.
연수   (놀라서 보면)
강희   (재빨리 수습한다) 할아버지한테 작별 인사 드려야지.
연수   어, 미안. 이쪽으로.

강희, 당혹스러운 마음 진정시키며. 연수 따라간다.

#5. 영정사진 앞

할아버지의 웃는 사진을 보는 강희.
향을 피우고 고개 숙여 묵념하는데.

할아버지 (E) 강희 왔구나.

강희, 놀라서 고개 들면.
사진 속 할아버지가 강희에게 말을 걸어온다.

할아버지 보고 싶었다. 강희야...
강희   (눈물 그렁해진 눈으로 보며) 거짓말.
할아버지 거짓말 아냐.
강희   그럼 그때 나한테 왜 그러셨어요?
        내가 할아버질 얼마나 좋아했는데.
할아버지 (인자한 미소)
강희   웃고만 계시면 다예요?
        다 지난 일이니까, 그건 그냥 묻을게요.
        근데, 대체 연수한테 무슨 짓을 하신 거예요?
        연수를 얼마나 힘들게 하셨길래, 저렇게 변한.. (저도 모르게 연수 쪽
        으로 시선 돌리다. 연수와 눈 마주친)

강희, 황급히 다시 할아버지 보는데. 할아버지는 사진 속으로 사라졌다.
이어서 상주인 연수와 마주 서는데.
감정 추스르느라 들썩일 때마다 재킷 밖으로 꿈틀거리는 연수의 가슴
근육이 딱 강희 눈높이다.
강희, 민망해 연수 얼굴로 시선 옮기면.
눈물에 젖어 반짝이는 눈이 강희를 바라보고 있다.
당혹스러운 강희, 시끄러운 마음 감추려 대뜸 연수에게 절을 한다.
묵례하려다 강희를 따라 얼른 맞절하는 연수.
일어나려는데 강희가 여전히 엎드려 있다.
다시 엎드리는 연수. 강희 기척 살핀다.
서로 눈치 보며 고개 들다 엎드린 채 눈 마주친 강희와 연수. 어색하
고 민망한데..
이때 요란한 구두 소리와 함께 등장하는 수지(여, 55세).

수지   아이고 아버지이이…. 연수야아…
          우리 아버지 불쌍해서 어떡해…. 아버지이…

          헐레벌떡 들어오던 수지, 하이힐이 삐꺽하며 그대로 나자빠진다.

연수   (벌떡 일어나 달려가며) 엄마!!
춘필   (어딘가에서 달려오며) 순자야!!

          연수와 춘필이 동시에 수지를 일으켜 안는데.
          쪽팔림으로 눈 꼭 감은 채 몸 맡긴 수지.

춘필   기절했나 보다.
수지   (그 말에 고개 퍽 떨구는)
강희   (지켜보다 헛웃음)
춘필   안 되겠다, 연수야. 엄마 방으로 모셔라.

          연수가 수지를 번쩍 안아들자.
          수지 발끝에 대롱대롱 매달려 있던 힐이 툭 떨어진다.
          춘필, 수지의 힐을 주워 일어서는데.
          그 앞에 서 있는 강희. 한껏 못마땅한 시선으로 춘필 보는.

춘필   딸!
강희   (비아냥) 누가 보면, 춘필 씨가 아줌마 남편인 줄.

          이때 하와이안 셔츠 위에 코트를 걸쳐 입은 40대 남자가 나타나
          둘 사이 끼어든다.

수지남편   (춘필 손 덥석) 형님!
춘필   어서 와. 많이 놀랐지?

수지남편　놀랬다기보다.. 신혼여행을 망쳤죠, 뭐.

춘필　(못마땅하지만 참고) 여행이야 또 가면 되지.

수지남편　맞습니다. 장인어른이 또 돌아가실 것도 아니고. 그죠?

춘필　(한숨 푹. 손짓으로 방 가리키며) 들어가 봐. 옷도 좀.. 갈아입고.

춘필, 수지남편을 상대하고 돌아보면. 강희는 어느새 사라졌다.

#6. 장례식장 앞 접수대

접수대에 앉아 멀어지는 강희 뒷모습 보는 한우와 승언.

한우　(어이없는) 저러고 그냥 간다고? 우리한테 아는 척도 안 하고?

승언　내가 데려올게. (일어서려 하면)

한우　(잡아 앉히며) 됐어. 엎드려 절 받기 싫다.
　　　　(단단히 서운한) 눈길 한 번을 안 주던데, 뭐.

이때, 부리나케 나오는 연수.

연수　강희는?

#7. 장례식장 앞

강희, 서둘러 빠져나왔지만. 뭔가 미진하고 찜찜한.
다시 들어가지도, 그냥 가버리지도 못하고 어정쩡 서 있는데.
누군가 부르는 소리 들린다. "지강희!"
연수다. 한우와 승언도 따라 나왔다.

연수   (다가와) 밥 먹고 가.

강희   나더러 저길, 또 들어가라고?

연수   뭐?

강희   넌 우느라 못 봤겠지만. 저 안에 있는 사람들 다 나만 쳐다봐.

-인서트. 장례식장 식당

호기심에 목을 빼고 쑥덕대는 사람들.

용수철물 어릴 땐 튀기 표시 확 나더니, 크니까 모르겠네.

라라   요샌 저렇게 염색도 많이 해. 우리 미용실에도 많아.

동네여자 클수록 지 엄마 똑 닮았다, 어쩜.

동네남자 이럴 땐 또, 순자 없는 게 다행이네. 안 그랴?

라라   순자 아니고 수지!

용수철물 솔직히 순자가 별나긴 하지. 쟤들이 뭔 죄야?
         그럴 거면 춘필이한테다.. (하다가) 어이쿠.

동네남자 (역시 시선 피하며) 저저.. 눈깔 봐라. 여전하다.

강희   동물원 원숭이 된 기분이야. 알아?

연수   아무도 몰라보는 거보단 나은 거 아냐?

강희   뭐?

연수   난 니가 못 알아보니까 당황스럽던데.

강희   (당황한)

연수   그 정도도 예상 못 하고 온 거야?
        그럴 거 알고, 각오하고 온 거잖아. 할아버지 보겠다고.

강희, 예상치 못한 연수 태도에 놀라서 말문 막힌.
한우와 승언 역시 입 틀어막으며 보는.

연수   할아버지가 주시는 밥이야. 들어와서 먹고 가.

       강희가 뭐라고 하기도 전. 휙 돌아서서 들어가 버리는 연수.
       한우, 연수를 따라 들어가고.
       승언은 강희 곁을 지키는.

강희   (승언 보며) 저거 진짜 연수 맞아?

#8. 장례식장 안

       화난 사람처럼 빠르게 복도를 지나 비상구 쪽으로 가는 연수.
       한우도 따라가는데.
       연수, 성큼성큼 몇 계단 올라가더니. 털썩 주저앉는다.

한우   뭐냐, 너?
연수   (가슴 부여잡고) 아, 심장 떨려.
       봤냐. 내가 강희한테 무려 대들었다.
한우   미친 새끼. 밥 먹고 가라는 게 대든 거냐?
연수   와 줘서 고맙단 말 할라고 쫓아가 놓고...
       (머리 감싸며) 어떡하지. 괜히 들어오랬나..
한우   걱정 마. 안 들어와. 강희 성격 모르냐?
연수   그럼 안 되는데..

#9. 장례식장 앞

승언   아름이...
강희   아름이 뭐?

승언　보고 가. 너 많이 기다렸어. 그냥 가면 서운해할 거야.

#10. 장례식장 식당

아름, 육개장 앞에 놓고 있지만. 밥은 뒷전이고 입구만 목 빼고 보는데.
핸드폰 울린다. 보면 모르는 번호다. 누구지? 하는데.
그 앞으로 쓱 와서 앉는 강희.

강희　내 번호야. 저장해.

아름　이게 누구시더라? (샐쭉하며 밥 먹는 척)

강희　(피식) 숟가락 꺼꾸로야.

아름　(보면. 숟가락 손잡이 부분이 육개장 속에 박힌. 빼며) 칫!

강희　나 여기 앉아도 되지?

아름　그러든가. 육개장 갖다 줘?

강희　(씩 웃으며) 소주부터 한잔하자.

강희, 소주병 집어 드는데.
옆자리에 앉은 동창들의 수군거림이 들리기 시작한다.
"연수 새끼.. 지강희 오자마자 울었다며?"
"완전 펑펑."
"지강희 서울 가더니 출세했나? 포스 장난 아니더라."

아름, 동창들의 수군거림에 강희 눈치 살피는데.
아무것도 못 들었다는 듯 태연하게. 종이컵에 소주 따르는 강희.
옆자리 동창들 더 열 올리며 떠든다.

김헌열(남)　다른 사람은 몰라도 쟨 와야지.

최민구(남)　왜? 쟤네 뭐 있냐?

김용수(남) 쟤들 다 그거잖아. 깡패.

노인숙(여) 깡패?

헌열　　그래. 깡희 패거린지, 패밀린지 그거.

　　　　　차승언, 류한우, 천연수... 쟤들 다.

조진아(여) 야, 듣겠다. (강희 쪽 눈치 살피는데)

강희, 소주 단숨에 비우고는. 아름 향해 환하게 웃으며.

강희　　아름아. 내가.. 다 잊은 줄 알았거든.

아름　　(불안한) 뭘?

#11. 하나읍 (과거)

9살 에피소드. 등장인물 모두 9살이다.

헌열을 위시한 한 무리의 동급생들 누군가를 둘러싸고 괴롭히는 중이다.

"차승언. 너, 엄마가 모텔에 버리고 갔다며?"

"고아 새끼. 나이도 모른다며?"

"사내인 건 맞냐? 야! 이 새끼 바지 벗겨 봐."

작고 마른 승언, 땅바닥에 새우처럼 몸을 웅크린 채 귀 막고 울고 있는데.

다급하게 다다다다 달려온 강희, 날아차기로 한 무리 해치우며 길을

트고 승언을 감싸 보호하면.

뒤따라 달려온 한우와 연수가 몸으로 동급생들 막아서며 대치한다.

강희　　괜찮아? 가자, 승언아. (손잡아 일으키는데)

헌열　　(동급생들에게) 지강희랑 쟤, 모텔 산다. 집도 없이.

한우　　모텔에 사는 게 뭐?

헌열　　아, 맞네! 한우 너는 외양간 살지!!

헌열 말에 동급생들 폭소 터지고. 한우 얼굴 시뻘게진다.

헌열   (코 막으며) 윽, 소똥 냄새. 이 새끼 별명, 이제부터 소똥소똥 어때?
동급생들 (또 와르르 웃는)
연수   놀리지 마. 친구끼리.
헌열   꺼져. 천연수 이 돼지새끼야.

승언 옷의 먼지 털어주고 얼굴 상처 살피느라 정신없던 강희, 못 참고
돌아서며.

강희   야, 김헌열! 너 그러다 벼락 맞는다.
헌열   벼락? 아.. 넌 튀기라서 그런 능력도 있나 보지?
동급생   튀기? 그게 뭔데?
헌열   잡종! 쟤 엄마가 잡종 튀기라 지강희도... (하는데)

우르릉 쾅쾅. 마른하늘에 날벼락이 내리친다.

#12. 장례식장 식당

쾅!
강희가 소주병으로 테이블을 내리쳤다.
옆 테이블 동창들, 일순 조용해지는.
강희, 소주병 들고 일어나 옆자리로 간다.
혼자 남은 아름의 속상한 표정.
강희의 등장으로 긴장하는 동창생들.

강희   (상냥한 목소리로) 합석해도 되지?
동창들   (떨떠름한데)

강희   앉을게.

강희, 자연스럽게 중앙에 앉은 동창생 밀어내며 자리 차지한다.
어쩔 수 없이 동창생들 한 자리씩 옆으로 옮겨 앉고.
강희가 앉은 자리, 헌열의 바로 앞이다.

강희   (헌열 보며. 옆자리 동창에게) 이분은 누구셔? 동창은 아니지?
용수   김헌열 몰라?
강희   아.. 그 김헌열! 벼락 맞은?
헌열   (시뻘게졌다가) 기억하네.
       (명함 꺼내 주는) 언제 골프 연습하러 한번 와. 골프는 치지?
강희   아니. 일하느라 바빠서.
헌열   무슨 일 하는데?
강희   회사 다녀. 나도 명함 줄게.

강희, 명품백을 열고 명품지갑을 꺼내 동창들에게 한 장씩 명함을 돌
린다.
명품백에 모이는 여자 동창들의 시선을 의식하며 천천히.
정구가 선물해 준. 모먼트 인테리어 디자이너 명함.
보통 명함보다 곱절은 두꺼운 수입지에 영자로 인쇄된 고급 명함이다.

진아   영이 명함 치음 봐. 외국계야?
강희   영국 쪽 지분이 좀 있어.
헌열   못 들어본 회산데?
강희   인테리어 업계의 삼성 같은 데야. 요즘 핫하다는 호텔이나 쇼핑몰은
       다 우리 회사에서 리노베이션 했다고 보면 돼.
헌열   그럼 연봉도 세겠다.
강희   남의 연봉이 왜 궁금해? 촌스럽게!
헌열   (미간 꿈틀) 뭐? 촌스러?

#13. 장례식장 접수대

아름, 방명록 쓰고 있는 조문객이 들어가길 기다렸다가.
한우와 승언에게 쪼르르 가는.

승언   왜 왔어? 강희랑 안 있고?
아름   몰라. 불안해서 못 듣겠어.
한우,승언 ??

#14. 장례식장 식당

강희가 못마땅한 헌열의 말이 점점 거칠어진다.

헌열   서울살이 하는 것들.. 말이 서울이지 변두리 하꼬방 같은 고시원에서
    컵라면이나 먹는 것들이.. 겉멋은 또 잔뜩 들어서 명품이네 뭐네, 같
    잖아서.
강희   (받아치는) 부모가 돈 좀 있다고 깝죽대는 것보다야 낫지 않나?
헌열   뭐? 뭐랬냐?
강희   들었잖아. 뭘 못 들은 척해.
    변두리 고시원에서 컵라면을 먹든, 명품을 들든
    나는, 내 인생 내가 책임지고 있다고.
헌열   (말문 막혔다가) 도시 나간 기집애들.. 내가 잘되는 꼴을 못 봤다.
    아무 남자랑 동거하고, 함부로 몸 굴려 임신하고..
    너덜너덜 살다가 어디 골 빈 놈 하나 잡아 결혼하겠지.

헌열 막말에 순간 썰렁해지는데.

강희   (피식) 술집 여자 임신시켜서 학교 정학 먹은 새끼가 할 말은 아니지.

예나 지금이나 수준하곤... (하는데. 얼굴에 소주가 확 뿌려지는)

헌열이 못 참고. 잔에 있던 소주를 강희 얼굴에 뿌렸다.
동창들, 술렁대고.
헌열, 당장이라도 한 대 칠 기세로 강희 노려보는데.
강희, 덤덤하게 앞에 놓인 식은 육개장 그릇 들어. 헌열 얼굴에 그대
로 물싸대기 날린다.

헌열   아, 따거. 저 미친!!

시뻘건 육개장을 뒤집어쓰고. 날뛰는 헌열.

강희   (우아하게 일어나) 만나서 반가웠다.

헌열이 육개장 닦아내느라 난리 치는 사이. 멀어지는 강희.
격분한 헌열, 탁자에 놓인 소주병을 집어 들어 강희 향해 던진다.

헌열   야! 지강희!!!

돌아보는 강희에게 헌열이 던진 소주병이 위협적으로 날아든다.
강희, 눈 질끈 감으며 고개 돌리는데.
퍽! 하는 소리와 함께 누군가 강희를 끌어안는.
연수가 온몸으로 강희를 막아섰다. 연수 등에 맞은 소주병.

강희   (안긴 채 심장 쿵쾅)
연수   (다정하게 살피며) 괜찮아? 안 다쳤어?

이때 분을 삭이지 못하고 다가온 헌열.

헌열   비켜 새끼야.

       상주가 기집애나 처 껴안고. 니 둘이 그렇고 그런 사인 거, 내가...

       하는데. 연수, 돌아서서 헌열 향해 뻑! 주먹 날린다.
       헌열이 상 위로 날아가 쓰러지며 난장판이 되는 상가.
       장례 절차 논의하다가 소란에 뛰쳐나온 수지와 춘필. 놀라서 보고 있고.
       장례식장에 있던 젊은 여자들이 죄다 몰려와 연수를 둘러싼다.
       "오빠 괜찮으세요?" "오빠, 안 다치셨어요?"

연수   여기 정리 좀 부탁해도 될까?
여자들   (합창) 네!!

       강희, 예상치 못한 연수 모습에 또 한 번 놀라. 낯설게 연수 보는데.
       연수, 여자들을 가르고 강희에게 다가오는.

연수   와 줘서 고마웠다. 지강희. 조심해서 가.
강희   ...
연수   승언아. 강희 데려가.

#15. 장례식장 앞

       쫓기듯이 나온 강희. 얼이 빠져 멍한 채 서 있는데.

승언   아저씨가 니 방 치워놨어. 가자.

#16. 장례식장 일각

연수, 수지에게 붙잡혔다.

수지   없으니까 동네가 다 조용하더니만 세상에... 남의 장례식장엔 왜 와서
        깽판을 치냐고!
연수   조문 온 거잖아요. 부고 받고. 어렵게 시간 내서 마음 내서 왔어요.
수지   10년 만에 왔으면 어른들한테 와서 인사부터 해야지. 어디서 쌈질이
        야, 쌈질은!
연수   싸움은 제가 했어요, 엄마.
수지   지강희 그게 시작한 거잖아!!
연수   (입 닫는)
수지   오라버니 생각하면 내가 이럼 안 되는데, 갠 진짜.. (절레절레)
        너! 절대 엮이지 마. 엄마 죽는 꼴 보기 싫으면.

#17. 하나읍

        강희, 승언과 말없이 걷는다.
        어느덧 모텔 캘리포니아 앞이다.

강희   오는 게 아니었어..
승언   난 얼굴 보니까 좋은데..
강희   고맙다, 차승언.
승언   뭐가?
강희   춘필 씨랑 같이 살아줘서.
승언   새삼... (쑥스러운 듯 머리 긁적긁적)
        밥도 제대로 못 먹었지? 준비해 놓을게. (들어가는)

        혼자 남은 강희, 모텔 바라보는데.

모텔에서 나오는 스무 살의 강희와 연수. (1부#11과 #12 사이 상황)

하나읍을 떠나는 강희는 펭귄처럼 옷을 껴입었고.

트렁크를 끄는 연수는 울 것 같은 표정이다.

강희, 앞서 걸어가다가. 휙 뒤돌아서 모텔 보는.

어슴푸레한 여명 속에. 모든 조명 꺼진 채 초라해 보이는 모텔.

강희	여기서 버티다간.. 저 모텔처럼 내 인생도 깜깜해질 거야.
연수	내가 있는데도? (간절함 담아 보면)
강희	(피식. 연수 앞머리 흩트리며) 넌... 살 만한 거야.

난 도저히.. 살 수가 없는 거고.

다신 여기.. 돌아오지 않을 거야.

스무 살의 연수와 강희. 트렁크를 끌고 멀어져 가고.

만감이 교차하는 표정으로 모텔 캘리포니아 보고 있는 강희.

#18. 장례식장 앞

흡연구역. 연수와 한우 담배 비벼끄고.

한우	상주가 그래도 되냐?

김헌열, 숨도 못 쉬고 컥컥대는데.. 겁나더라. 무슨 일 날까 봐.

연수	나도 내가 그렇게 센지 몰랐지. 주먹을 처음 써 봐서.
한우	김헌열 그 새끼, 너 고소할 수도 있어.
연수	상관없어. 나 진짜.. 살면서 한 번은 패주고 싶었거든.
한우	(킬킬 웃으며) 나도. 솔직히 속은 시원하더라. 김헌열이 우리를 좀 괴롭혔냐.

| 연수 | 어릴 땐 우리 대신 맨날 강희가 패줬잖아. |

이때, 승언이 온다.

연수	왜 왔어? 강희는 어쩌구?
승언	갔어. 어차피 있어 봐야 도움 안 될 거 같다고.
연수	!! (상주 완장 떼서 한우 주며) 나 좀 나갔다 올게.
한우,승언	야,야,야!! (동시에 한 팔씩 잡았다)

실랑이하는데.
이때 경찰들 오는.

| 경찰 | 천연수 씨? |

연수, 굳어지고. 한우와 승언도 놀라서.

#19. 고시원

지친 모습으로 고시원 방에 들어오는 강희.
명품백, 명품지갑 비워서. 반납용 쇼핑백에 챙겨 넣고.
책상 위에 올려진 명함 보다가, 쓰레기통에 처박는데 전화 울린다. 모르는 번호다.

강희	(누구지?) 여보세요.
석경E	지강희 씨? 금석경입니다.
강희	(뜻밖이라 당황한) 아...
석경E	디자인 시안 말인데요. (하는데)
강희	제가 퇴사를 해서 담당자가 아닙니다. 죄송합니다.

전화 너머지만 꾸벅 인사까지 하고 전화 끊는 강희.

강희   뭐야.. 왜 나한테 연락을 해.. (하다가 헉! 기억 떠오른)

#20. 고시원 옥상 (회상)

시안 보며 소주 마시는 강희.

강희   암만 봐도 좋구만. (하는데 전화 울린다. 받으면)
석경   (E) 금석경입니다. PT 오실 거죠?
강희   (술 취한) 약 올립니까? 어떻게 가요, 내가? 에스더 씨한테 못 들었어요?
석경   (E) 진짜 못 와요? 그럼 지금 오세요. 시안 가지고.
강희   (솔깃) 지금이요? 어디로 가면 되는데요?
석경   (E) 엘리트리호텔..
강희   (OL) 호텔?! 웃기고 자빠졌네. 야! 궁금하면 니가 와. (끊어버린다)

#21. 고시원

강희   (기억 더듬으며) 그래. 끊었어, 분명히...

#22. 고시원 옥상 (회상)

강희, 핸드폰으로 에로틱한 음악 (ex: 비터문 OST 〈STOP〉) 틀어놓고. 한 손에는 소주병 들고 술기운 빌려 무아지경으로 끈적한 춤 추고 있는데.

석경   (OV) 이겁니까?

강희, 춤추며 보면. 어느새 온 석경이 시안 들춰보고 있다.

강희   (춤추듯 석경 돌며) 보면 아냐, 니가? 돈으로 처발처발이나 할 줄 아는
        시키가!!
        라고 할 뻔.
        (톤 바꿔서) 오셨어요, 클라이언트님?
석경   와... 나한테 이렇게 막 대하는 여자, 니가 처음이야!!
        라고 할 뻔.
        술을 왜 이렇게 마신 겁니까?
강희   후회하기 싫어서요.
석경   네?
강희   목 실장한테 트집 안 잡힐 디자인... 그거 나도 할 줄 알거든.
        근데 그건 아무 집에나 해놔도 되는 뻔한 거거든.
        개성도 없고, 성의도 없고...
        그래도... 그런 거 할 걸 그랬나. 후회하기 싫어서. (병째 드링킹)

#23. 고시원

강희, 머리 감싸고 몸부림.

강희   꿈일 거야!! 꿈이야! 꿈이어야 해!!!

이때 다시 전화 울리면.
강희, 어떡하지? 보는데. 이번엔 정구다.

#24. 이사실 앞

또다시 전투복으로 차려입은 강희. 스모키 메이크업에 새빨간 립스틱
이다.
강희, 들어오면.

비서   (일어나며 반갑게) 지강희 씨!
강희   (뜻밖의 환대에 뜨악한데)
비서   봤어요. 지강희 씨 디자인.
강희   (뭐지?) 네...
비서   ˙얼음물을 확 뒤집어쓴 느낌? 정신이 번쩍 들더라구요.
        다음엔 비서 말고 디자이너로 만나요.
강희   ...

비서, 들어가라고 문 열어주는.

#25. 모먼트 이사실

강희, 들어와서 정구 보는데.

정구   왜 이렇게 강강강이야?
강희   목 실장님 만나야 된다면서요?
정구   오늘은 전투가 아니라, 즐기면 돼요. 승자의 여유?
강희   ??
정구   축하 선물! (립스틱 주는)
강희   (영문 몰라 보면)
정구   그런 빅엿을 날려놓고. 본인만 몰랐구나!
강희   네???

#26. 인테리어팀 (과거)

대표이사와 통화하는 목 실장. 전화기 두 손으로 받쳐 들고 공손하다.

목실장　네. 대표님. 걱정 마십시오. 잘하고 오겠습니다.
　　　　(전화 끊고 팀원들 향해) 빠진 거 없지? 기자재 차에 다 실었고?
직원　　네. 근데 회의를 왜 엘리트리호텔에서 해요?
목실장　대표님이 그러시는데 우리 클라이언트가 엘리트리호텔 3세라네. 어
　　　　쩐지...
　　　　느낌이 좋아. (박수 짝짝 치며) 가 봅시다!!

#27. 호텔 회의실 (과거)

석경과 에스더, 그리고 목 실장과 모먼트 직원들이 마주 보고 앉았다.
직원, PPT 자료 배포하고. 빔프로젝터로 화면 조정하는데.

석경　　고맙습니다. 실장님. 준비를 퍼펙트하게 해주셨어요.
목실장　네. 기대하셔도 좋습니다.
석경　　(에스더 가리키며) 여기 이 친구가 아주 마음에 들어 합니다.
　　　　그대로 진행해 주시면 되겠어요. 자재만 중간중간 제가 컨펌하죠.
목실징　에?

　　　　디자이너들도 뭔가 잘못된 느낌에...

에스더　지강희 씨한테 시안 받았어요. 제가 말한 걸 하나도 안 놓치고 다 반
　　　　영했던데요. 완전 감동!
석경　　왜 같이 안 왔습니까?
목실장　(당황) 아.. 계속 밤을 새서.. (둘러대는)

석경   저희가 청담동에 짓고 있는 빌리지 아시죠?
목실장   알죠! 클럽형 빌리지. 입주자들이 다 탑스타 아니면 영앤리치라고..
석경   거기 인테리어를 의뢰하고 싶은데, 가능합니까?
       이번처럼 고객 맞춤형으로 커스터마이징해서.
목실장   물론입니다! 감사합니다!! (벌떡 일어나 90도로 절하는데)
석경   입주자 미팅은 지강희 씨가 전담했으면 합니다.
목실장   (헉!!)
석경   다음 회의 땐 꼭 같이 와주세요.

       목 실장, 눈앞이 캄캄해진다.

#28. 이사실 (과거)

       애가 닳은 목 실장, 정구를 찾아와 엎어진다.

목실장   도와주세요, 이사님.
정구   ?? (뜨악하게 보는)
목실장   지강희 씨 연락되죠? 입사시켜야 됩니다. 당장!

#29. 디자인팀 회의실

       목 실장, 이전의 거만함은 싹 사라지고. 만면에 미소지으며 강희에게
       아부 모드다.

강희   (어안이 벙벙) 프로젝트 팀장이요?
목실장   지강희 씨 이력서랑 포트폴리오, 다시 검토해봤어. 편견 버리고, 선입
       견 없이.

충분히 자격 있는 사람이야, 우리 지강희 씨.

정구   (실소. 팔짱 끼고 관전하는데)

강희   (반응 안 하는) …

목실장   이 기쁜 소식을 빨리 알리고 싶었는데 왜 그렇게 연락이 안 됐어?

강희   장례식장 다녀왔어요.

목실장   앞으로 잘해봅시다. (악수 청하는데)

강희   (그 손 보다가) 장례식장에서 생각한 게 있어요.
       사람이 언제 죽을지 모르는데 살아있는 동안 내가 누릴 수 있는, 최고
       의 사치는 뭘까…

목실장   …

강희   싫어하는 사람과 일하지 않는 거. 그게 나의 사칩니다.

정구   !!

목실장   그래서? 거절하겠다고? 이 엄청난 제안을?

강희   우리 서로 해고했잖아요.

목실장   (일그러지며 부르르) …

강희   (미련 없이 일어서는데) …

목실장   그럼 팔아!

강희   네?

목실장   그 시안만이라도 나한테 팔라고.

정구   (강희 선택 궁금한데)

강희   (미소) 더 비싸게 사줄 사람을 알고 있어서요.
       실장님 같은 분이 범.접. 할 수 없을 만큼. 겁나 비싸게.

#30. 호텔 회의실

테이블을 사이에 두고. 강희와 석경, 에스더가 마주 앉아 있다.

석경   (봉투 슥 밀어주면)

강희   (받아서 열어보는데 눈 휘둥그레지는)

석경   (으쓱하는데)

강희   (봉투 다시 석경 쪽으로 쓱)

석경   (당황한) 적어요?

강희   (미소만)

에스더   팍팍 쓴다더니, 뭐야? 얼만데? (봉투 가져가서 보려 하면)

석경   (뺏으며. 자존심 상한) 얼마면 됩니까, 지강희 씨? 말해 봐요.

강희   이미 받았습니다. 넘치게.

석경,에스더   ??

강희   디자이너로서의 내 자존감.
        세상 누구보다 비싼 값을 치러주셨어요.
        감사해요. 두 분. (정중하게 인사하면)

        석경, 당황하고.
        에스더, 흥미로운 미소.

#31. 회의실 앞

        강희, 나와서 걸어가는데 에스더가 따라 나왔다.

에스더   지강희 씨!

강희   (돌아보면)

에스더   우리 친구해요!
        (미소로) 돈봉투 아니고, 청첩장. (건네며) 꼭 오세요. 친구니까.

강희   (망설이다 받는. 미소) 꼭 갈게요. 친구니까.

#32. 비탈길

강희, 비탈길 올라가다 딱 멈춰서서. 뭔가를 본다.
어느 집 마당 빨랫줄에 하얀 수건들 나란히 널려 바람에 나부끼고 있다.

강희   아, 씨! 저게 왜 돈봉투로 보이냐고.
       (다시 걸으며) 그래! 내가 돈이 없지, 가오가 없냐.

다시 씩씩하게 걸어 올라가는 강희.

#33. 고시원 입구

강희, 고시원으로 들어오는데.
입구에서 총무가 불러 세운다.

총무   수도가 터져서 보일러 안 돼.
강희   (난감) 나 씻어야 되는데.
총무   (손사래) 온수도 안 나오고. 난방도 안 되고. 화장실도 못 써. 당분간.
강희   헐...

#34. 고시원 강희 방

강희, 옷도 못 벗고. 입은 옷에 침대 올라가 이불 뒤집어쓰는데.
이때 전화벨 울린다. 보면, 아름이다.

아름   (E) 어디야?
강희   어디긴... (망설이다) 회사지.
아름   (E) 잠깐 통화돼?
강희   왜? 무슨 일 있어?

아름	(E) 주말에 서울 갈 일이 있는데 나 하룻밤만 재워주라.
강희	(난감한) ...
아름	(E) 밀린 수다도 떨고, 너 사는 데도 보고 싶어서.. 괜찮지?
강희	(남루한 고시원 방 둘러보며 고민하다) 어쩌지? 내가 출장을 가야 해서. 한동안 서울에 없을 거야. 오면 연락할게.

전화 끊은 강희. 씁쓸한 현실 다시 한번 자각하며.

| 강희 | (한숨) 이럴 줄 알았으면, 잘난 척하지 말고 그 돈 받을걸.. (이내 떨치듯) 알바라도 빨리 구하자!! |

#35. 차 안+도로

연수의 차 안. 아름이 타고 있다.
한적한 시골 도로 달리는 중이다.

아름	(전화 끊고 절레절레) 야... 서울 가더니 강희 사기꾼 다됐다.
연수	...
아름	동창들한테 명함 쫙 돌렸잖아. 아까 회사에 전화해봤거든.
연수	(궁금한 듯 보면)
아름	그런 사람 없대.
연수	!!
아름	근데 지금 회사랜다. 주말부터 출장이래.
연수	무슨 사정이 있겠지.
아름	그래, 있겠지. 그걸 왜 나한테 말을 안 하냐고!! 베프 서운하게!

하는데 끽!!! 차 급정거한다.
아름, 놀라서 꺅!! 비명 지르고 보는데.

차 앞에 비글 한 마리가 서 있다.

아름   뭐야? (하는데)

한 마리가 아니다. 이어서 계속 쏟아져 나오는 비글 십여 마리와
그 뒤로 비글을 쫓아 달려 나오는 윤난우(여, 27세). 당황해서 어쩔 줄
모른다.
연수, 차에서 내린다.
짐칸에서 간식을 꺼내 휘파람 불며 익숙하고 노련하게 비글을 도로
옆 안전한 곳으로 모으는.
그러는 사이. 긴장 풀린 난우 주저앉았고.

연수   수의과 맞지?
난우   (앉은 채. 놀라서 올려다보는) 어떻게 아셨어요?
연수   실험견들이잖아. 실험동물의 복지와 사용 규정 위반이야, 너.
         법적인 책임을 져야 할 수도 있다고!

(시간 경과)
연수 요청으로 유기견 보호센터 차가 지원 나왔다.
연수와 아름, 한 마리씩 케이지에 넣어 보호센터 차에 싣는 동안 연수
쏘아보는 난우.

난우   (원망스럽다는 듯) 얼마나 어렵게 탈출시켰는데,
         실험실로 다시 보내면 어떡해요?! 알지도 못하면서..
연수   약물 시험할 애들이야?
난우   (어라? 보는)
연수   독성 시험?
난우   결과에 따라 안락사 결정 날 수도 있어요.
연수   ... (잠시 말없이 케이지 싣다가) '나눔의 발자국'이라고 알아?

난우　　알죠. 유기견 보호도 하고, 실험견 입양 지원도 하고..
연수　　학교 다닐 때, 너랑 비슷한 고민하다가 만든 동아리야. 시간 되면 나와.
난우　　(화들짝 놀라며) 선배님이 그럼... 천연수 선배님?
　　　　(꾸벅 절하는) 16학번 윤난우라고 합니다.
　　　　존경합니다 선배님! (하더니 얼른 연수 따라 케이지 싣는)

아름, 이것 봐라..? 흥미롭게 두 사람 지켜본다.

#36. 도서관

아름, 신간 잡지들을 자료대에 진열 중인데.
옆에 다가와 돕는 사람, 난우다.

아름　　책 보러 왔어, 나 보러 왔어?
난우　　물어볼 게 있어서요.
아름　　(난우 표정 살피며) 뭔데 그렇게 심각해?
난우　　기분 나쁘실 수도 있겠지만.. (머뭇머뭇)
　　　　이상하게 들릴 거 아는데... (뜸 들이면)
아름　　아, 뭔데?!!
난우　　혹시 언니가 여친이세요? 연수 선배?
아름　　뭐? (웃음 터지는)
난우　　(불안하게 보는데)
아름　　여친 아니고, 여사친.
난우　　(표정 밝아지며) 아, 다행이다!! 그럼 혹시 다른 여친은요?
　　　　아니, 알고 보니까 선배가 인기도 엄청 많고, 선배 여친이라고 주장하
　　　　는 사람들도 너무 많고..
아름　　그것들 다 뻥이야. 연수 여친 없어. 근데 그게 왜 궁금한데?
난우　　그날 교수님한테 실드도 쳐 주시고.. 볼 때마다 고민 상담도 많이 해

주시고.. 고마운 게 많아서요.
선배님한테 밥이라도 한번 사고 싶은데.. (얼굴 빨개지는)

아름　(이럴 줄 알았다!!) 근데?
난우　연수 선배.. 크리스마스 이브에 뭐 하는지, 혹시 아세요?

#37. 도심 외경

벽에 화려한 조명 반짝이고. 캐롤 흘러나오며 크리스마스 분위기 물씬 풍기는 도심.

#38. 호텔 예식장 신부 대기실

우아한 웨딩드레스의 에스더, 사진 촬영 중인데.
입구에서 그 모습 바라보는 강희. 저도 모르게 상상 속으로 빠져든.
웨딩드레스를 입고. 신부가 되어 서 있는 자신의 모습.
강희, 입구를 바라보며. 행복한 미소 짓는데.
신랑 예복을 입고 다가오는 사람... 연수다.
상상 속에서도 두근거리며. 심장 나대는 강희. 이때,

에스더E　지강희 씨!!

흠칫 놀라 상상에서 깨어난 강희, 얼른 에스더에게로.

강희　(눈부신 듯 보며) 와... 축하해요.
에스더　고마워요. 결혼식 끝나고 애프터 파티 있는데 올래요?
강희　선약이 있어서요.
에스더　(아쉬운) 그럼.. 나중에라도 우리 꼭 따로 만나요.

강희   (미소로 끄덕이는데)

들이닥치는 에스더의 친구들.
강희, 눈인사하고 나온다.

#39. 호텔 예식장 일각

신부 대기실에서 나오는 강희, 결혼식에 참석한 정구와 마주쳤다.

정구   립스틱! 맞지?
강희   네.
정구   잘 어울릴 줄 알았어.
강희   (미소)
정구   참! 디자인 피, 끝까지 안 받았다면서요? 왜 그랬어? 석경이 돈 많은데.
강희   이사님 때문에요.
정구   나?
강희   네. 이사님이 주신 이 립스틱 바르고 나니까 인생, 고급스럽게 살고 싶
            어졌어요. 강강강 말고.
정구   (감동) 강희 씨. 사랑해.
강희   (피식) 남자 좋아하신다면서요?
정구   (같이 웃고) 같이 살자고는 안 할 테니까, 대신 일은 같이합시다.
            나.. 모먼트 그만뒀어. 강희 씨 때문에.
강희   (깜짝 놀라) 네?
정구   강희 씨가 했던 말이 계속 생각나더라구.
            싫은 사람하고 일하지 않는 사치. 그거 나도 한번 누려보게.
            그러니까.. (강희 손 덥석 잡으며) 이제 강희 씨가 나 책임져.
강희   (황당해서 보는데)
정구   새해 새 기분으로 의논합시다.

(지나가는 누군가에게) 오랜만!! (인사하며 가는)

강희   ...

#40. 호텔 예식장 신부 대기실

석경, 에스더 보며 감탄 터지는.

석경   우와!!!
에스더   그렇게 이뻐? (포즈 취하는데)
석경   대한민국 메이크업, 진짜 최고야. 인정! (양손 엄지척)
에스더   치이!!
석경   행복해라, 친구야!
에스더   (흘겨보며) 넌 평생 후회할 거다. 나 놓친 거.
         저 봐, 저 봐. 눈에서 후회가 뚝뚝 떨어지네.
석경   미안한데 내 유체이탈 안 보이냐? 니 결혼식이라 할 수 없이 몸만 여
         기 있지, 맘은 지금 딴 여자한테 가 있거든.
에스더   (급 진지해지며) 진짜? 진짜지?
         다행이다... 나만 결혼해서 미안했는데.
석경   ....
에스더   왜 같이 안 왔어?
석경   여길? 부모님 다 오실 텐데?
에스더   (알겠다는 표정) 언제 소개시켜 줄 거야?
석경   어? 곧...

#41. 호텔 일각

석경, 에스더에게 허세는 부렸지만 뭔가 헛헛한.

호텔 어슬렁대며 걷는데. 강희를 발견한다.
강희, 로비 한 켠에 앉아 노트에 뭔가를 스케치하고 있다.
슬그머니 강희 뒤로 가서 노트 보는 석경.
호텔 크리스마스 인테리어가 스케치되어 있다.

석경 산업스파이가 여기 있었네.

강희 (아랑곳없이 더 그리며) 신고하시든가요.

    요샌 다 가문비나무 쓰나 봐요.

석경 구상나무보다 훨씬 화려하니까.

강희 이맘때 호텔 오면 공부가 많이 돼요.

석경 약속 있다더니, 아니었어요?

강희 저녁 약속이라 시간이 떠서요.

석경 그럼... 꼭대기 층 스위트룸, 구경 갈래요?

강희 (찌릿 보면)

석경 (황급히 손 저으며) 아니아니, 그런 거 아니고. 애프터 파티!!

    거기서 밤새 놀 거니까 약속 끝나면 오라구요.

강희 우리도 방 잡았고. 아마도 밤새 놀 듯?

석경 아..!! 쏘리! 오늘 같은 날은 남자친구랑 보내야죠. 당연히.

    석경, 가면.

강희 춘필 씨가 남친은 아니지만 뭐...

#42. 편의점 앞 (과거)

    20살 강희, 알바 하고 나오는데.
    편의점 앞에 세워진 낡은 벤츠에서 빵! 경적 울리는.
    보면, 춘필이다.

#43. 호텔 (과거)

강희, 춘필을 따라 로비 걸어가는데.
특급 호텔의 화려함과 고급스러움에 주눅 든.

강희   (불안한 목소리) 춘필 씨. 돈 있어?
춘필   (눈치 없이 목소리 큰) 돈 필요해? 얼마 줄까?

#44. 호텔 룸 (과거)

케이크와 와인으로 테이블 세팅하고. 마주 앉은 춘필과 강희.

춘필   우리가 생일이 같잖아. 12월 25일.
강희   춘필 씨는 음력이거든.
춘필   그냥 크리스마스로 통일하자. 기억하기 쉽게.
강희   그건 낳아주신 할머니한테 예의가 아니지.
춘필   불효는 내가 할게. 넌 효도하자.
강희   (기가 막혀 보면)
춘필   일 년에 한 번씩, 이렇게 근사한 데서 서로 생일 축하해주고 같이 크리
         스마스 보내는 거. 해줄 거지? 평생?

#45. 호텔 로비/ 도서관

노트 위에 펜 탁 내려놓는 강희.

강희   그때 딱 잘랐어야 되는 건데...
         몇 시야?

핸드폰 열어 시계 보는데 마침 아름에게 전화 온다.

/아름   생일 축하해!!
강희   기억하고 있었네.
/아름   당연하지. 뭉쳐 다닌 세월이 얼만데.
강희   지금은? 요샌 안 뭉쳐?
/아름   다 뿔뿔이지 뭐.
        아 참. 한우는 오늘 프러포즈 한다더라. 같은 회사 여직원이야. 사귄
        지 좀 됐고. 한우, 증권맨인 건 알지?
강희   승언이는?

/ 도서관. 창문 너머로 어딘가를 보는 아름.
아름의 시선으로. 작업하는 포크레인 보이는데.

/아름   몰라. 일 안 하면 산에 가겠지.
        넌? 오늘도 아저씨 만나? 호텔에서?
강희   응.
/아름   …
강희   …
/아름   왜 안 물어, 연수? 니가 진짜 묻고 싶은 사람, 연수 아냐?
강희   연수는.. 괜찮아? 잘 지내?
/아름   말도 마. 김헌열 아버지가 경찰 부르고, 연수 콩밥 먹인다고 난리 치
        는 거.. 아저씨가 겨우겨우 말렸어.
강희   나 때문에 고생했네… 이따 사과 전화라도 한번 해야겠다.
/아름   할 거면.. 빨리해.
강희   왜?
/아름   연수.. 저녁엔 아마 데이트 있을 거야.
강희   !!

#46. 욕실

샤워하는 연수. 눈 감은 채 시원스레 쏟아지는 물줄기 맞고 있다.

#47. 카페

말끔한 슈트 차림으로 들어오는 연수.
복장도, 머리도 신경 쓴 듯, 오늘따라 더 멋지다.
둘러보고 일행 없는 듯. 빈자리 정해 앉는데. 전화 울린다. 지강희다.
긴장한 연수, 목 가다듬고 받는.

연수   여보세요.
강희E   천연수?
연수   어... 강희야.

하는데. 때마침 등장한 난우. 예쁘게 꾸미고 환한 얼굴로 뛰듯이 달려
와선.

난우   선배님!!
연수   (당황한) 어? (난우에게) 잠시만.
난우   이.. (해맑은) 통화하세요. 저 주문하고 올게요.
연수   강희야... (하는데)

#48. 호텔 일각

통화 중인 강희, 전화기 든 채 잠시 침묵하다가.

강희   누구랑 같이 있나 봐. 나중에 또 통화하자.

        전화 끊는 강희. 장례식장에서 본 연수가 떠올라 마음 시끄럽다.

#49. 호텔 입구

        강희, 입구에서 셔틀버스 보며 탈까 말까 망설이다가.
        마음 정하고 춘필에게 전화 건다.

강희   춘필 씨. 오늘 우리 만나지 말자.
춘필   (E) 갑자기? 왜? 무슨 일 있어?
강희   나 이제 서른도 넘었어. 춘필 씨한테 생일 축하받고 싶지 않아.
춘필   (E) 너한테 다른 남자 생기기 전까진 내가 챙겨야지.
강희   있어, 다른 남자!
춘필   (E) 그럼 데리고 오든가.
강희   춘필 씨!!
춘필   (E) 체크인하고 문자 보낼게. 이따 룸에서 보자.
강희   춘필..

        하는데. 전화 끊어진.
        강희, 입이 쓰다. 시간도 많이 남은.

#50. 호텔 바

        낮술하러 간 강희. 빈자리가 없다.
        아쉬운 마음으로 돌아서 나가는데.
        이때 혼술하고 있던 석경이 강희를 발견한다.

석경   지강희 씨, 합석할래요?
강희   말 안 건다고 약속하면요.
석경   그럽시다. 각자 말없이 술만.

(시간 경과)
강희에게 문자 들어오는. 룸넘버가 찍혀 있다.
강희, 위스키 확 털어 넣고는.

강희   부탁 하나 해도 될까요?
석경   일단 들어보죠.
강희   내 소유권을 주장하는 남자가 있어요.
       그 남자로부터 이제 벗어나고 싶어요.
석경   …
강희   내가 석경 씨 이용해도 되나요?

#51. 호텔 복도

떨어져서 말없이 걸어가는 강희와 석경.
문자로 받은 호텔 룸 앞에 도착한다.

강희   잠시 팔짱 좀..
석경   (팔 내주는)

강희, 석경의 팔짱 끼고 벨 누르려는데.
이때 문 열리며 룸서비스 직원이 테이블 밀고 나온다.
강희, 석경의 팔짱을 낀 채 열린 문으로 들어간다.

#52. 호텔 룸

룸서비스로 꾸며놓은 케이크와 와인 세팅.
그런데 룸에서 기다리고 있는 사람이 춘필이 아닌 연수다.
천연...수?
너무 놀라 저도 모르게 석경의 팔짱을 푸는 강희.
그게 신호인 줄 착각한 석경이 연수에게 다가가더니 척! 악수 청한다.

석경   금석경입니다.
연수   ...

연수, 석경 바라보다 천천히 악수하는데.
맞잡은 두 남자의 기싸움.

연수E   (마음의 소리) 이 남자를 기억한다.

#53. 무대 (과거)

무대 위. 연수 20세.
노래 부르고 있는 밴드, 다름 아닌 '춘필이와 아이들'이다.
춘필이 건반, 한우와 승언이 각각 베이스와 드럼을 맡았고.
연수는 메인 보컬로 노래 (티삼스. 매일매일 기다려) 부른다.

♪~별이 뜨는 오늘 밤도
비가 내리는 밤도
매일매일 기다려~♪

펏대가 서도록 소리 지르며 노래 부르는 연수 향해

춘필, 윙크하며 엄지척!

#54. 무대 뒤 (과거)

무대에서 내려오자마자. 득달같이 춘필에게로 달려드는 아이들.

연수   인제 강희 어디 사는지 말해줘요.
춘필   그게... (곤란한 표정으로 보는)
승언   약속 지켜요, 아저씨.
한우   우리가 공연만 하면 다 말해주시기로 했잖아요!! 아님 이 새끼 진짜
       죽어요!
춘필   신림동 고시원이라고 들었다.
연수   무슨 고시원이요?
춘필   그런 건 서로 안 묻기로 했다.
연수,한우,승언   아저씨!!
연수   무슨 아빠가 그래요?
춘필   멋지지 않니? 일 년에 한 번씩 특급 호텔에서 만나 인생을 논하고, 영
       화와 예술을 논하고. 근사한 룸서비스로 식사하고 헤어지는 거지.
연수   (한숨 푹) 그냥, 평범한 아빠들처럼 딸이 어디 사는지 알면 안 돼요?

#55. 지하철역 (과거)

한우와 둘이 지하철 타는데. 연수 버벅댄다.

한우   (짜증) 걍 갖다 대라고.
연수   (버럭) 넌 처음부터 잘했냐고!

#56. 신림동 고시촌 (과거)

고시원이 이렇게 많을 줄 미처 예상 못 한 연수와 한우. 난감하다.
잠시 좌절했다가 이내 기운 차리는 연수.
한 군데 들어가서 "혹시 지강희라고.. 여기 삽니까?" 용기 내서 물어보지만 안 알려준다.

#57. 편의점 야외테이블 (과거)

컵라면 먹는 한우와 연수. 한우, 배고팠는지 허겁지겁 먹는데.

연수   (번뜩) 편의점! 강희도 편의점에서 알바한댔어. 아름이가.
한우   그래서? 서울 시내 편의점을 다 뒤지겠다고?
연수   여기서 가까운 데부터 찾아봐야지.
한우   모래사장에서 바늘 찾기야. 포기해.
연수   찾는 동안은 같은 서울 하늘 아래 있는 거잖아.
        (하늘 보며) 강희도 어쩌면 지금.. 저 달을 보고 있겠지?
한우   미친놈... 난 여기서 빠진다. 할 거면 너 혼자 해.

#58. 몽타주 (과거)

편의점들.
시간 변화(20살 가을~21살 1월) 속에 연수 옷 계속 바뀌며. 편의점마다 들어가 보는데. 번번이 허탕이다.
드디어 어느 날.. 평소처럼 어느 편의점 들어가려다.
황급히 돌아나오는 연수.

연수   (E. 떨리는) 찾았다. 지강희.

        연수, 두근거리는 마음 진정시키며. 유리문 너머로 지강희 보는.

#59. 빵집 (과거)

        합격엿을 사들고. 복장 가다듬고. 강희에게로 가는 연수(21살).
        강희를 찾은 기쁨에 겨웠다.

#60. 편의점 (과거)

        연수, 싱글벙글 기대감으로 편의점에 들어가는데
        강희, 주인과 한바탕 중인.

사장   나이 많은 남자하고 호텔이나 드나드는 주제에.
강희   내가 누구랑 호텔을 가든 말든 사장님이 상관할 바 아니잖아요.
사장   그러고 얼마 받는데?
강희   얼마를 받든. 신경 끄고 밀린 월급이나 주세요.
사장   이게 콩밥을 먹어봐야 정신 차리지.
        원조교제로 신고 안 하는 걸 고맙게 알아.
강희   (폭발한) 밀린 월급 당장 안 내놓으면, 나야말로 당신 신고할 거야.
        알바 미끼로 치근대는 찌질이 변태 새끼 주제에.
        그런다고 내가 너랑 호텔 가줄 거 같아?

        부르르 떠는 사장, 손에 잡히는 대로 강희 향해 집어던졌다.
        강희, 본능적으로 고개 피하다 연수와 눈이 딱 마주친.
        연수, 숨지도 못하고 어찌할 바를 모르는. 강희를 도와야 하는데 몸이

굳었다.

강희   돌겠네. 아 씨..
사장   뭐? 뭐라 그랬어, 너? 이게 확, 어디서!!

사장, 손을 번쩍 치켜드는데.
그 순간 사장의 팔목을 잡아 꺾는 남자, 석경이다.

석경   (강희에게) 여기 폭언하는 영상 다 찍었으니까. 이걸로 신고하세요.
       콩밥은 당신이 먹겠네요. 사장님.

위기의 순간 멋지게 등장한 석경 앞에 초라하고 작아지는 곰탱이 연수.
강희, 냉장고로 가더니 퍼플톡 꺼내 들고.
연수 손잡고 나간다.

#61. 편의점 앞 (과거)

강희   이거 마시고 내려가.
연수   (받고는) 너도 이거... (합격엿 내밀면)
강희   엿 먹으라고?
       너 아니어도 나 엿 먹이는 놈들 많으니까. 다신 찾아오지 마. 부탁 아
       니고 명령이야.

강희, 들어가 버리고.
어쩔 줄 모르는 연수. 가지도 못하고 들어가지도 못하고. 창문 너머로
안절부절 강희를 훔쳐보는데.
그런 연수 시선에. 너무나도 멋진 인상을 남긴. 차도남 석경.
여유 있는 미소로 강희와 뭔가 대화하는.

#62. 호텔방

강희가 정리하고 싶은 남자가 연수라고 오해한 석경.
이왕 맡은 역할 확실하게 해내자 싶어서. 강희 어깨 확 끌어당겨 안으며.

석경   지강희 씨 소유권, 저한테 넘기시죠.
지강희 씨는 이제 제가 책임지겠습니다.

대치하듯 마주 선 연수와 석경.
두 사람 사이에서 당황하는 강희에서.

2부 끝.

3부

#1. 청담동 거리 (과거)

화려하게 빛나는 조명 사이로.
헌팅과 부킹을 바라는 스타일리시한 남녀들이 가득한 한밤의 청담동
거리.
키 크고 슬림한 모델핏의 남자들이 런웨이 하듯 오가는 모습 위로.

연수   (E) 저렇게 멋있는 서울 남자들을 매일 보는데 나 같은 게 찾아갔으니...

길 한쪽 계단 턱에 앉아 세상 초라하고 비참한 느낌으로 오가는 남자
들 보고 있는 곰탱이 연수(21살).
강희에게 버림받은 상처로 자책 중이다. 들어주는 한우는 복장 터진다.

연수   내가 얼마나 부끄러웠겠냐. (한숨 푹 쉬면)
한우   니가 어때서? 그게 사실이면, 그런 싸가지를 십 년 넘게 대장으로 받
          들어 모신 내가 부끄럽다.
연수   욕하지 마. 강희 잘못 없어.
한우   으이구... (속상해서 연수 손에 퍼플톡 뺏으려) 준다고 이걸 받아오

냐? 등신!
연수   줘!! (목숨 걸고 퍼플톡 사수하더니) 한우야. 나.. 결심했다.
한우   뭘??
연수   나, 살 뺄 거야!

#2. 몽타주 (과거)

-연수 방
벽에 몸짱(보디빌더 아니고. 잔근육의 슬림하면서도 몸 좋은) 포스터
붙이고 결의에 불타는 연수.

연수   살 빼고 멋있어져서 강희 다시 찾아갈 거야!
한우   (코웃음 치는) 응, 안 돼. 이번 생은 포기해.
연수   (책상 서랍에 퍼플톡 넣고 열쇠로 잠그는) 그날이 올 때까지 탄산음료
           사절이야.
한우   지랄을 한다. 언제는 살 빼면 강희한테 뒤진다고, 밤마다 라면 처먹고
           자더니.
연수   니가 알던 천연순 죽었어. 다시 태어날 거야.

-운동장
달리는 연수, 헉헉대며 힘들게 달리는.
달렸다, 멈췄다, 주저앉았다, 땀 닦고 다시 달리는 연수 옆으로
승언이와 한우, 자전거 타고 쌩쌩 날아다니며 "힘내! 살 뺀다며!" 놀리는.

-헬스클럽
연수, 바 잡고 턱걸이에 도전하지만. 바들바들 하나도 못 하고 쿵.

-하나읍 거리

풍광 좋은 거리를 달리는 연수.
하나읍의 시골 풍경이 바뀌며 연수 모습도 점점 달라진다.
이윽고. 원하는 비주얼을 갖게 된 연수가 달리는 모습. 멀리서도 빛이
난다.

-헬스클럽
딱 붙는 운동복 입고 고강도의 트레이닝 멋지게 해내는 연수.
근육미 작렬.

-연수 방
벽에 붙어 있던 몸짱 사진 대신. 그 자리에 연수 바디프로필 사진 걸린.
책상 서랍 열리고. 퍼플톡을 꺼내는 연수.

#3. 호텔방

와인이 꽂혀있는 아이스버킷에 퍼플톡 집어넣고
흐뭇한 표정으로 룸서비스의 테이블 세팅을 지켜보는 연수.
꽃과 와인과 케이크.. 만족스럽다.
아차, 잊은 게 있다.
선물 상자를 꺼내 케이크 옆에 내려놓으며 강희 등장에 대한 기대로
설레는 연수.
눈 감고 심호흡. 가슴 토닥토닥 진정시키고 눈 뜨는데.
강희다!
연수 표정 빠르게 굳어진다.
신부 입장하듯 팔짱까지 끼고 들어온 강희. 혼자가 아니다.
석경과 함께다. 하필, 저 남자...

연수E   (마음의 소리) 10년의 노력이, 기다림이 한순간에 무너졌다.

다행히 강희가 석경의 팔짱을 뺐지만.
이번엔 석경이 강희의 어깨를 확 끌어당겨 안으며 하는 말.

석경   지강희 씨 소유권, 저한테 넘기시죠.
        지강희 씨는 이제 제가 책임지겠습니다.
연수E   (마음의 소리) 싸워보지도 못하고 졌다...

        실망감에 맥빠지는 연수 표정 위로.
        강희E. "아니야!!"
        연수, 실낱같은 희망으로. 석경은 의아함으로 강희 보는.

강희   이 방 아니라구요.
석경   에에?
강희   나가요. 빨리. (석경 잡아끌고 나가려는)
석경   (당황) 실례 많았습니다.

        두 사람 나가는데.

연수   오랜만입니다. 금석경 씨.
석경   ?? 우리가 본 적 있나요?
강희   (눈 질끈)
연수   2014년 1월 7일 이태원.
강희   (석경 다시 잡아끌며) 나가자니까요.
석경   (강희 제지하며 갸웃) 2014년이면..
연수   편의점에서 강희 월급 안 주고 폭언하는 사장.. 영상 찍으셨잖아요.
석경   아! 아... 아!! 그때 그?!! (강희에게 검지로 마구마구 찜찜찜) 맞죠?!!

        강희, 나가 버린다.

#4. 호텔 복도

석경 (뒤따라오며) 거봐요. 우리 분명히 봤다니까.

강희, 들은 척도 안 하고. 엘리베이터 앞까지 와서 버튼 누르는.

석경 알고 있었네. 지강희 씨. 근데 왜 모른 척했어요?
강희 (민망함에 되려 쏘아보며) 내가 언제 소유권 넘긴댔어요?
    내 소유권은 내 거예요. 아무한테도 안 넘겨요!
석경 그래, 이거! 내가 반했던 이 표정!
    이 눈빛, 이 머리 색깔.. 이게 또 있을 수가 없다니까.
강희 (상대 안 하고. 엘리베이터 버튼만 신경질적으로 꽉꽉 누르는데)
석경 대답 들을 때까지 안 보낼 거니까 빨리 말해요.
    왜 나 모른 척했습니까?
강희 ...과거 아는 남자랑 일하기 싫어서요.
석경 오, 설레는데. 대답이 아주 맘에 듭니다.
강희 (어이없는)
석경 우리 그럼, 과거 말고 미래를 논합시다.

때마침 도착하는 엘리베이터.

강희 올리가실 거죠? 전 내려가야 돼서.. (타려는데)
석경 (잡는)
강희 (뿌리치며) 애프터 파티 안 간다구요!
석경 나도 안 데려가요!! 파티 분위기 망칠 일 있어요?
강희 (엘리베이터 타고 닫힘 버튼 누르는데)
석경 (문 안 닫히게)
강희 (노려보면)
석경 (명함 주며) 같이 일합시다. 우리 호텔 디자인팀으로 오세요. (문 닫히고)

강희   (명함 보는데)

석경   (엘리베이터 문 다시 열리며) 지강희 씨..

강희   (버럭) 또 뭐요?

석경   (씩 웃으며) 메리 크리스마스!!

#5. 호텔 앞

크리스마스 조명은 화려하지만 눈발 날리고 추운 날씨다.
밖에서 근무하는 도어맨과 주차요원들, 털장갑에 털모자 귀마개까지
하고도 연신 시린 발을 들었다 놨다 추위와 싸우는데.
결혼식 오느라 멋낸 '얼어 죽어도 코트' 차림의 강희 걸어 내려간다.
금방 코끝이 빨개진 강희, 멈춰 서서. 신경질 빡!

강희   이게 다 춘필 씨 때문이야!!

#6. 모텔 캘리포니아 로비

크리스마스 트리에 전구 반짝이고.
따뜻한 벽난로 앞 춘필과 미스터 권(남, 40대 후반), 벽에 빔프로젝터
틀어놓고. 케이크와 와인 마시며 영화 '멋진 인생' 보고 있다.
이때 강희에게 전화오면.

춘필   (반갑게 받으며) 딸! 생일 축하해!!

미스터권   (화면 멈추고 통화에 관심)

춘필   서프라이즈~!!
           아빠 선물 잘 받았어? 아빠 최고지? (하다가 표정 난감)

미스터권   (어째 불안하더라...)

춘필		연수가 너한테 꼭 할 말이 있다고 사정사정하는데 어떡하냐?
		강희야! 듣고 있지, 강희야?

#7. 거리

추워서 말할 때마다 입김이 뿜어져 나온다.

강희		우리가 같이 보낼 마지막 크리스마스, 시원하게 날려먹은 줄이나 아
		세요.
		다신 연락하지 않을 거야. 잘 먹고 잘 살아요. 춘필 씨.

전화 끊으려는데 추위로 손이 곱아 전화기 툭 떨어진다.

#8. 호텔방

깜깜한 방.
의자에 앉은 연수, 탁자 위 버튼으로 불을 껐다 켰다. 껐다 켰다..
불이 켜질 때마다. 연수가 준비한 물건들 하나씩.
케이크가 보였다.. 와인이 보였다.. 꽃다발이 보였다..
선물 상자기 보였다 말았다..
이윽고 연수, 일어선다.
미련 가득 발걸음이 안 떨어지지만. 코트 챙겨 들고 문 여는데.
문 앞에 서 있는 강희.

연수		(너무 놀라) 지강희!
강희		(연수 품에 파고들어 안기며) 추워.
연수		(쿵. 심장이 미친 듯 뛰기 시작한다. 강희 꽉 끌어안으면)

강희 보고 싶었어, 연수야.

연수 나도. 나도 보고 싶었어. 안고 싶었어. 갖고 싶었어.
      이거 꿈 아니지? (강희 얼굴 보는)
      꽁꽁 얼었잖아. 손도 얼굴도. (쓰다듬으려 손 뻗는데)

연수의 상상이었다.
강희, 싸한 얼굴로 연수 손 탁 쳐내며.

강희 이렇게 아무 때나 나타나면 어떡해?

연수 미안. 남자친구랑 같이 올 줄은 몰랐어.

강희 남자친구 아니야.

연수 아니야?

강희 너야말로 여자친구 어쩌고.

연수 일단 들어가자. 들어가서 얘기해.

연수, 강희가 사라질까 봐 얼른 데리고 방으로 들어온다.
두 사람 뒤로 쿵 하고 닫히는 문.

연수 (급 어색. 긴장해서) 와인 한 잔 줄까?

강희 (아이스버킷에 꽂힌 와인 보더니) 얼어 죽으라고?

연수 아, 미안. 따뜻한 차 줄게. (얼른 티 박스 있는 쪽으로 가는)

강희 카모마일 있어?

연수 응. 잠깐만 기다려.

연수가 서둘러 차를 준비하는 동안. 내내 연수를 쫓는 강희의 시선.

연수 (강희 앞에 찻잔 내려주고 마주 앉으면)

강희 어떻게 된 거야?

연수 첫눈 열 번 먹었어.

강희	뭐?
연수	이제 준비됐다고.
강희	무슨 준비?
연수	뭐든.
강희	..서울 오겠다고?
연수	못할 것도 없지.
강희	너 대동물 수의사 아냐? 서울엔 소 없어.
연수	대신 지강희가 있잖아.
강희	!!
연수	강희야. 우리... (손 잡으려 뻗는데)

혹 들어온 연수에 심쿵하며 당혹스러운 강희, 벌떡 일어나 아이스버
킷 쪽으로.
샴페인 꺼내려다 퍼플톡 발견하고 저도 모르게 긴장 풀리며 피식.

강희	퍼플톡 좋아하는 건 여전하네.
연수	(다가와서) 이거.. 그날 니가 준 거야.
강희	(헐...) 미친. (말문 막혔다가) 진짜?
연수	(끄덕하면)
강희	곰탱이!
	아니, 이제 곰탱이도 아니면서. (시선 피하느라 샴페인 집어 들고)
	니가 좋아하는 샴페인이다. 너두 이거 좋아해?
연수	아니. 난 잘 몰라. 아저씨가 주문해주셨어. 선물이래.
강희	너는?
연수	응?
강희	넌 선물 없어? 내 생일인데?
연수	내가 선물 아냐?
강희	(찌릿)
연수	내 말은.. 내가 온 게 선물.. (하다가 주먹 쥐고 입 막으며 흠흠)

농담이고. 이거... (선물 상자 건네는)

강희   (냉랭) 이런 건 여자친구 줘야 되는 거 아냐?

연수   없다는 거 알잖아.

강희   어떻게 알아? 십 년이나 지났는데. 니가 이렇게 변해버렸는데.

연수   기다린다고 했잖아. 너만 좋아할 거라고.

강희   (자신의 심장 소리에 놀라 시선 피하며) 해 봐야겠다.

#9. 욕실

선물 상자 들고 욕실로 도망친 강희.
눈 감고. 양손 포개 두근대는 심장 진정시키고. 눈 떠서 거울 보는데.
거울에 비친 연수.
강희, 화들짝 놀라 돌아보면. 아무도 없다.
피해서 달아났는데도 여전히 강희 머릿속을 떠나지 않는 연수가 거울
에 비친.
강희 뒤에서 백허그 하는 연수. 말도 한다.

연수   (거울 속 강희 향해) 내가 선물 아냐?

강희, 고개 흔들어 떨쳐 내고. 선물 상자 열어보면. 목걸이다.
목걸이 걸어 보는데. 절로 미소. 너무 잘 어울린다.

#10. 호텔방

연수, 핸드폰 꺼내 유튜브로 샴페인 따는 법 보고 있는데 강희 나온다.

강희   (무심한 듯) 어때?

연수	(다가서면)
강희	(또다시 심장 쿵쾅대는)
연수	지강희.. 나 안 보고 싶었냐?
강희E	(도리도리)
	(마음의 소리) 하지 마. 살 빠진 목소리.
연수	난 너 되게 보고 싶었는데. (미소 지으면)
강희E	(마음의 소리) 웃지 마. 잘생기지 말라고.
연수	한 달 내내 지강희 니 생각만 했다. 꿈도 꾸고.
강희	장난치지 마. 설렌다고. (헉! 마음의 소리를 질러버렸다)
연수	(순간 당황하는데)
강희	들지 마! (까치발 서며 두 손으로 연수 양쪽 귀 막는)
	들었어도 듣지 마.

연수, 피식 웃으며. 강희 두 손 떼어내 잡는다.
강희, 한숨. 고개 푹 숙이는데.
연수, 왼손은 여전히 강희 손 잡은 채. 오른손 풀어 강희 뺨 쓰다듬는.
고개 들어 연수 보는 강희.
연수, 강희 뺨을 감싼 채 손가락 움직여 말랑하고 보드라운 귓불로.
말랑한 살이 엄지와 검지 사이에 닿는 순간, 탄성 같은 한숨 내쉬며 눈
감는 연수.
강희, 어쩔 줄 모르고 숨 멈춘.

강희E	그 밤에도 넌.. 잠들 때까지 이랬었지. 따뜻하고 부드럽게.
연수E	그 밤 이후 난.. 이 촉감을 떠올리면서 널 기다렸어. 지강희.

강희, 눈 감은 연수 올려다보는데..
이때 요란하게 울리는 전화벨 소리.
유튜브 검색하느라 꺼내놓은 연수 전화다.

강희	(한발 물러나며 숨 내쉬는) 받아.
연수	(얼른 강희 잡으며) 안 받아도 돼.
강희	계속 울리잖아.
연수	(어쩔 수 없이 전화기로) 네. 엄마.
수지E	(받자마자 큰 소리) 살려줘 연수야!

이어서 전화기 너머 비명 소리 뭔가 깨지고 부서지는 소리 들리고.
연수, 전화기 들고 욕실로 사라진다.
혼자 남은 강희, 멀뚱하게 연수 기다리는데. 통화가 길어진다.
강희, 샴페인 호일 벗기고. 와이어 머즐 풀고. 샴페인 연다.
샴페인 병과 잔 들고. 창 쪽 소파로 가는 강희.
서울의 야경 바라보며 샴페인 마신다.
야경은 아름답고. 저 멀리 하늘에 불꽃놀이 축포도 터진다.
몇 잔이고 샴페인 잔 비운 후에야.

| 연수E | 강희야… |

강희, 돌아보는데.
미안함 가득한 얼굴로 나오는 연수 뒤로.
욕실에서 줄줄이 따라 나오는 사람들.
강희를 노려보며 나오는 수지.
뭐가 좋은지 하이파이브하듯 손 들며 나오는 춘필.
서로 귓속말로 수군대며 힐끔힐끔 강희 보는 라라와 용수철물 아저씨.
알 만하다는 표정으로 강희와 연수 번갈아보는 헌열…………
강희, 확 고개 돌려 외면하며 야경 보는.

연수	(다가와 강희 옆에 앉는) 미안해. 많이 기다렸지?
강희	다 생각나 버렸어.
연수	?

강희   내가 왜 떠났는지. 너랑 나는.. 왜 안 되는 건지.

연수   강희야! (안타깝게 보지만)

강희   (기어이 목걸이 풀어 내려놓으며) 나중에 여자친구 줘.

연수   (상처받은) ...

강희   (일어서며) 가야겠다.

강희, 코트와 가방 집어 들고 문 앞으로 가면.
다가와 막아서는 연수.

연수   지강희!! 너 지금 가버리면. 나도 더는 안 기다려.

강희   바라던 바야. 우리 첫사랑은 여기서 끝. 디 엔드.

연수   (절망으로) 진심이야?

강희   지금 나한텐 니가 아니라.. 미래를 꿈꾸게 해줄 사람이 필요해.

연수   !!

강희   어쩌면 이미 만난 것도 같고.

연수   (강희 잡은 손에 힘 풀리며 놓는)

강희   각자... 잘 살자. 그동안 좋아해줘서 고마웠어.

연수 무너지는데.
강희, 나가 버리는.

#11. 호텔 복도

문 앞에 서서 숨 내쉬는 강희.
복도를 걸어가는 강희. 멈춰 선다. 소중한 것을 유기해버린 것만 같다.
다시 방을 향해 돌아가다가. 또 멈춰 섰다가.

#12. 고시원 골목+고시원 앞

크리스마스 이브의 흥청거림도 없이 초라한 고시원 골목.
강희, 눈물을 참느라 인상 쓰며 걸어가는데.
고시원 앞에서 나타난 길고양이. 야옹 울며 강희를 따라온다.

강희   안 돼. 따라오지 마. 나 너 책임 못 져.

강희, 고시원으로 들어가 버리는데. 길고양이 계속해서 야옹야옹 운다.
다시 나온 강희.

강희   (주저앉아 고양이 쓰다듬으며) 내가.. 너 먹여 살릴 직장만 있었어도..
아니, 작은 월세방 하나만 있었어도.. 같이 살자 했을 텐데.. (한숨)
책임도 못 질 거면서 기다리게 하는 거.. 그만할 거야. (일어나는)
더 좋은 사람 만나. 행복해. 안녕.

강희, 길고양이 우는데도 무시하고 고시원 안으로 사라진다.

#13. 파출소

조서 쓰고 있는 수지 남편과 이웃. 수지는 남편 뒤에 서서 편드는.

이웃   남자는 살림살이 다 때려 부수고, 여자는 비명 지르고.
참다 참다 찾아갔더니 이 아줌마가 이러고 나옵디다.
수지   (재빨리 선글라스 낀 얼굴 돌리는)
경찰   (흘끔 보고) 아주머니도 폭행 신고하실 거예요?
수지   아니에요. 제가 넘어진 거예요.
이웃   저 지경이라 신고를 넣은 건데. 신고했다고 사람을 개 패듯 팹니까?

것도 우리 애들 다 보는 앞에서?

경찰   (남편 향해) 인정하시죠?

남편   기억이 안 납니다.

경찰   네. 제가 다 봤습니다.

수지   (이웃에게 매달리는) 한 번만 봐주세요.

이웃   (기가 막힌) 아주머니도 그만 정신 차려요. 언제까지 맞고 사실 거예요?

수지   이 사람이 욱해서 그렇지 심성은 착해요. (하는데)

잔뜩 화난 연수, 수지 팔을 붙잡고 끌고 나간다.

#14. 파출소 앞

수지   합의금이 필요해, 연수야.

연수   (수지 선글라스 벗기면)

수지   (멍든 얼굴 드러나고)

연수   저 새끼가 그런 거예요?

수지   말조심해. 느이 아빠야. 공방수 월급 모은 거 있지? 그거 좀 빌려줘.

연수   엄마.. 또..!! 저도 더는 못해요. (하는데)

수지   오늘이 무슨 날이야? 고요한 밤. 거룩한 밤. 이런 밤에 사랑하는 사람
        들이 이별하면 되겠니? 니 아빠랑 나.. 같이 좀 있게 해줘, 제발. 응?

연수   (미쳐비리겠는)

(시간 경과)
수지와 남편, 언제 싸웠냐는 듯 다정하게 손 흔들며 가버리고.
혼자 남은 연수. 터벅터벅 걸어가는.

#15. 유기견 센터

늙고 병들어 버려진 개 앞에 우두커니 앉아 있는 연수.
이때 한우 들어온다.

한우   (다가오면)
연수   버려진 꼬락서니가 딱.. 나 같다.
한우   (한숨 푹. 옆에 쭈그려 앉는)
연수   프러포즈 망했냐?
한우   (끄덕)
연수   왜?
한우   소 키운다 했거든.
연수   ..후회 안 할 자신은 있고?
한우   후회는 벌써 했지. 근데, 더는 못하겠더라. 경쟁하면서, 서로 밟으면
         서 사는 거.
연수   ...
한우   위로하는 척도 안 하냐?
연수   일회용 밴드 붙인다고 아물겠냐?
한우   너나, 나나, (유기견) 얘나..
연수   (일어나며) 밥이나 먹으러 가자.

#16. 들길

연수와 한우, 터덜터덜 걸어가는데
유기견 산책시키고 돌아오던 난우와 마주쳤다.

연수   윤난우.
난우   선배님. (한우에게도 묵례로 꾸벅)
한우   (역시 묵례)
연수   연휴 내내 나왔다며?

난우   갈 데가 여기밖에 없어서요. 선배님은요? 가신 일 잘됐어요? 인생이
        걸린 일이라면서요?

연수   (그 말엔 대답 없이. 난우 데리고 있는 유기견에 시선) 곰자 맞지?
        데려다 놓고 와. 밥 사줄게.

난우   (좋아하는) 네! (유기견에게) 가자. 곰자야.

        난우, 멀어지면.

한우   (의아한) 뭐냐, 너?

연수   뭐긴. 밥 먹자고.

#17. 식당

        연수와 난우, 나란히 앉고.
        맞은편에 앉은 한우. 한우의 시선이 벽에 걸린 TV를 향했다.
        "얼마 전 지방의 한 국립대인 K대 수의대에서 지속적인 동물학대가
        자행되고 있다는 제보가 들어왔습니다. K대 재학생인 제보자는 동물
        실험윤리위원회의 승인을 받지 않고 출처가 불분명한 개를 실습에 사
        용한다고 고발했으며, 동물보호단체들에 호소문을 보내..."

난우   선배님. 소주 시켜도 돼요?

연수   (카운터 향해) 여기 소주 한 병이요.

한우   나는 맥주. (하더니) 저거 니네 학교 아니냐? 누군지 몰라도 용감하다.

난우   저 잠시 화장실 좀... (일어나는)

연수   (난우 멀어지기 기다렸다가 턱짓으로 난우) 누구야.

한우   어?

연수   용감한 내부고발자가 윤난우라고.

한우   (놀라서) 뭐?

연수   학연 지연 좁은 바닥에서 불이익 엄청날 거야. 당장 박사과정 밀려날
     거고. 참여하던 랩에서도 제외되겠지. 나라도 같이 동참했으면 나았
     을 텐데 내가 그날 서울 가느라..

한우   보기랑은 다르게 강단 있네.

연수   그러게. 많이 힘들 텐데 잘 버티네. 도울 방법 찾고 있어. 졸업생들 성
     명서도 받고 있고.

     하는데. 난우 오면.
     두 사람, 대화 멈추고 밥 먹는다.

#18. 몽타주

     -보신각 타종 행사
     -바다에서 떠오르는 새해 일출
     -하나읍 들판에서 새해 보는 연수
     -고시원 옥상에서 새해 보는 강희

#19. 정구 사무실

     강희, 면접 보고 있다.

정구   연봉은 삼천으로 시작하면 어때요? 대신 프로젝트별 인센티브가 있어요.

강희   인센티브는 안 줄 수도 있다는 거니까 패스. 생각보다 연봉이 작지
     만.. 상관없어요. 이사님, 아니 대표님이 주로 하셨던 호텔이나 커머
     셜 쪽 해보고 싶었으니까.

정구   (난감한) 어.. 강희 씨. 혹시 미학적 부조화라는 말 알아요?

강희   네?

| 정구 | 진짜로 아름답다고 느끼는 것과 느끼도록 강요받는 거 사이의 괴리를 |
말하는 건데.

| 강희 | (뭔 소리야) 네에... |
| 정구 | 나 사실, 그동안 괴리감이 컸어요. 미학적 부조화로. 그래서 인제 내 |
가 좋아하는 거 하려구요.

강희	뭘 좋아하시는데요?
정구	뽕짝.
강희	(뜨악) 뽕짝이요?
정구	뭐랄까, 호텔이 클래식이라면 뽕짝은... 모텔?
강희	안 합니다. (바로 일어나는)

#20. 건물 앞

박차고 나온 강희. 당장 석경에게 전화 건다.

| 강희 | 호텔 상속자 씨? 저, 지강흰데요. 같이 일하자는 거 아직 유효한가요?
(택시 잡으려 손 흔들며) 호텔로 가면 되죠?

하는데. 강희 앞에서 딱 멈추는 차.
석경이 내린다.
이긴 또 믿기 싫은 강희 표정 위로.

| 석경E | 호텔은 되고, 모텔은 안 됩니까? |

#21. 황금 사무실

강희, 기막히다는 듯 석경 보는.

정구는 석경에게 면접 맡기고 참관 중이다.

강희   호텔 상속자라더니 사기였어요?

석경   지강희 씨가 그랬잖아요. 지강희 씨 소유권은 지강희 씨 거라고.
        그 말 듣고 나도 내 소유권 찾아왔습니다. 아버지한테서.

강희   전 호텔 디자이너로 알고 전화 드린 거예요.

정구   숙박어플 급성장하면서 모텔 리노베이션 시장이 커졌어, 강희 씨.
        호텔보다 훨씬 다이나믹하고 창의적으로 일할 수 있어.

강희   그래봤자 모텔이잖아요.

석경   모텔이 대체 왜 싫은 겁니까?

강희   삼류니까.

정구   떽!! 전국에 계신 모텔 사장님들 들어!!

석경   좋아, 모텔이 삼류라고 칩시다. 삼류가 어때서요?

강희   호텔집 아들이 뭘 알아요? 모텔집 딸 아니면 모른다구요!

석경/정구 (동시에) 아... / 헐...

정구   모텔집 딸이었어? 대박!! 강희 씨 진짜 탐난다..

강희   ....

얼결에 커밍아웃해 버린 강희, 얼른 자리 벗어나고 싶어 문 쪽으로 가
는데.
석경이 막아선다.

석경   오성급 호텔에 살면, 별 다섯 개짜리 인간 될 거 같아요?
        난 강희 씨가 모텔집 딸이어도.. 별 다섯 개 이상 매력 있던데!

강희   (끝장을 보자! 작심하고 쏟아내는) 모텔 사장님 딸이 아니라 그냥 집
        이 모텔이었다구요. 모텔에서 태어나 모텔에서 컸어요, 쭉. 나를 보는
        사람들 시선.. 내가 뭘 겪었는지 알기나 해요? 어릴 땐 멋모르고 아빠
        말에 속기도 했었죠.

-인서트. 모텔 캘리포니아 로비 (과거)

9살 강희, 울면서 들어온다.

춘필   왜 울어, 딸?

강희   (춘필에게 덥석 안기며) 아빠!!

춘필   왜에?

강희   애들이 나랑 안 논대! 모텔이 나쁜 거야? (눈물 그렁그렁 보면)

춘필   그랬구나… (다독이더니) 모텔은 말이야.
배고파서 식당 가는 것처럼 잠이 고픈 사람들이 찾아오는 곳
이야.
그럼 우린 어떻게 해야 해? 그 사람들이 편안하게 쉴 수 있도
록 깨끗한 이불이랑 베개랑 준비해줘야겠지?

강희   개뿔! 모텔은 잠이 고파서 오는 게 아니라 다들 도망치러, 숨으러 오
는 거였어요. 한마디로 구렸다구요.

정구   우리가 힘을 합쳐서 그런 인식을 바꿉시다. 강희 씨 아버님을 위해서
라도.

강희   아빠 죽었어요. 나 열 살 때.

정구   (헉! 말문 막히는)

강희   그니까 전 빼주세요.

정구, 석경을 쿡 찌르며 어떻게든 해 보라고.

석경   (호기롭게) 지강희 씨! 내가 거절할 수 없는 제안을 하죠.

강희   거절합니다. (나가 버린다)

석경   (머쓱해지고)

정구   (그 와중에 궁금한) 그 제안이 뭔데?

석경   (씩 웃는)

#22. 고시원

정구와 석경의 명함을 버리는 강희.
"젠장!" 침대 위에 털썩 눕는데.
유난히 크게 울리는 문자 알림음.
무심히 핸드폰 집어 보다가. 깜짝 놀라 일어나는.

강희   (핸드폰 보며) 삼천만 원?! 이게 뭐야?!

#23. 고시원 앞

강희, 급하게 뛰어나오는데. 빵빵!!
보면 에스더가 차에 탄 채 강희 기다리고 있다.

#24. 하나읍 풍경

황량하던 겨울 풍경이 신록에서 녹음으로 바뀌며. 시간 흐름 보이고.

#25. 축산 농가

연수, 후배 공방수들과 일 마치고 나와 방역복 벗으면.
농장주, 쟁반에 믹스커피 타와서 돌린다. 한 잔씩 받아 평상에 앉는.

후배   선배! 오늘이 마지막이네요. 전역 축하드립니다.
연수   어차피 하던 일 할 건데, 뭐. 앞으로도 자주 볼 거야.
후배   읍내서 병원 하신다면서요?

연수   (끄덕이며) 할아버지 하시던 병원.

농장주   (끼어드는) 엥? 순자가 그거 팔러 왔다던데.

연수   네?

농장주   몰랐어? 업자까지 달고 왔다는디?

연수   …

#26. 동물병원

놀라서 달려온 연수.
수지, 반갑게 맞이한다.
남편이라는 작자와 서울에서 데려온 업자, 이미 계약서 쓰고 있고.

수지   연수야 인사드려. 건물 사실 분, 김 사장님.

연수   엄마!!

수지   아빠가 계약서 다 써났으니까. 넌 그냥 도장만 찍으면 돼.

연수   (남편과 업자 향해) 병원 안 팝니다. 나가주세요.

남편   (수지에게 버럭) 당신 거라며?!

수지   (연수에게) 명의만 네 명의지, 엄마 거나 마찬가지야.

연수   할아버지랑 약속했어요. 여기서 병원 하기로.

         건물이 아니라 병원을 물려주신 거라구요.

         (다시 한번 남편 향해) 안 파니까 나가시라구요.

남편   당신이 해결해!! (업자 데리고 나가면)

수지   연수야. 엄마가 잘 살아야 니 맘도 편하지. 안 그래?

연수   그러게 전셋집은 왜 빼셨어요?

수지   그 난리 치고 어떻게 거기 살아?

연수   그 돈으로 지중해 여행은 안 갔어야죠.

수지   엄마 로망이었어.

연수   (한숨 쉬는데)

수지   너.. 얼마 있어?

연수   저번에 합의금으로 다 드렸잖아요.

수지   어떡하라구? 엄마 아빠, 길바닥에 나앉을까?

연수   (꾹 누르며) 저 사는 집으로 들어오세요.

수지   싫어!! 우리 신혼이야. 다 큰 아들하고 어떻게 같이 살아?

연수   ..제가 나갈게요.

#27. 모텔 캘리포니아

짐 싸들고 모텔로 들어서는 연수.
미스터 권이 나와서 짐 들어준다.

미스터권 얘기 들었다. 어서 와.

연수   아저씨는요?

미스터권 외출. 곧 오실 거야.

#28. 한우네 농장

야전(야외전축)을 메고 걸어가는 춘필.
멀리 삽자루 들고 흥분해서 쫓아다니는 한우부와 도망 다니는 한우
모습 보인다.

한우부   너 이러라고 내가 소 팔아서 대학 가르친 줄 알아?

한우   제가 다 갚아드렸잖아요.

한우부   뭐?! 그 유세 떨 거면.. 니 돈으로 산 소, 다 데리고 나가 이놈아!

한우   제발 허락해주세요, 아버지.

한우부   저게, 끝까지!! 너 이리 안 와?

하는데. 춘필이 튼 야외전축 소리에 두 사람 싸움 소리 파묻힌다.
춘필, 전축 소리보다 더 우렁차게 '고래 사냥' 노래 마음대로 개사하며
고래고래 부르는.

♪ ~ 자, 떠나자! 한우 잡으러~!!!
삼등삼등 완행열차, 삽자루 들고 오오오~!!!

춘필의 깽판에 한우와 한우부 싸움 맥빠지고.

한우부   꺼!! (손나팔 만들어 소리 지르는) 끄라고!!
춘필   (씩 웃으며 그제야 야전 끄는)

#29. 목장길

녹음이 우거진 길. 그늘 따라 춘필과 한우부 걸으며.

춘필   처음 왔을 땐 별말 없더니 갑자기 왜 난리냐?
한우부   힘들면 나가떨어지겠지 싶어서 두고 봤지. 근데 갈수록 가관이다.
          방목장? 동물복지? 하!!
춘필   나 대학 들어갔을 때 동네잔치 한 거, 기억나냐?
한우부   할 만했지. 하나읍 최초로 서울대, 것도 법대 합격인데!
춘필   고시 포기하고 여관 하겠다고 왔을 때 쫓겨난 것도 기억하고?
한우부   내가 너 절까지 태워다 줬잖아.
춘필   그때 우리 어머니가 그냥 받아줬으면, 어땠을까?
한우부   (멈춰 서며) 뭐냐? 너 시방 나 돌려 까냐? 한우가 편들어 달라든?
춘필   솔직히 덕구 니가 부럽다. 난 강희 얼굴도 못 보고 살잖냐...
한우부   (한풀 누그러진) 편을 들어주고 싶어도, 나 우리 마누라 못 이긴다.
          서울서 양복 빼입고 잘 나가던 놈이 허구한 날 소똥이나 치워대고 있

으니... 저놈 안 쫓아내면 내가 쫓겨날 판이다.

#30. 모텔 캘리포니아 로비

연수, 로비에서 기다리는데.
춘필을 따라 들어오는 한우.
한우 역시 짐보따리 싸들고 왔다.

연수   넌 뭐냐?
한우   그러는 넌 뭐냐?
춘필   (활달한 목소리) 왜 죽상들이야? 나가자!

#31. 공사장

포크레인으로 작업 중인 승언.
승언, 누군가를 발견한 듯 포크레인 멈추면.
연수와 한우를 대동한 춘필 모습 보이고.

춘필   차승언! 일 끝나가지?
승언   웬일이세요, 아저씨?
춘필   (한우와 연수 어깨동무하며) 오늘부터 같이 살기로 했다. 니가 환영식
        좀 해줘 봐.
승언   좋죠.

포크레인을 둘러싸고 자리 잡은 춘필과 연수, 한우.
포크레인 위에 앉은 승언이 얼음통에 담긴 맥주병을 포크레인으로 옮
겨 틀에 내려놓고.

역시 포크레인으로 뚜껑 따서 한 병씩 돌린다.

춘필   (마시며) 이야, 시원하다!!
한우   (동영상으로 찍으며) 이게 된다고?
승언   (포크레인에서 내리며) 포크레인으로 호박전도 부쳐줄 수 있는데 해줘?
연수   그만하고. 와서 앉아.
춘필   (뿌듯하게 둘러보며) 깡패들이 다 모였네. 모인 김에 누가 강희한테
        전화 한 통 해봐라.

연수, 한우, 승언 일제히 춘필의 눈길 피하며 맥주 마시는.

춘필   니들 다 강희한테 잘렸냐?
한우   (발끈) 전 제가 잘랐거든요.
연수   (망설이다) 아저씨가 해보세요.
춘필   (역시 망설이다) 잘 살고 있겠지. 다 같이 강희 생각하면서 건배나 하자.

춘필과 아이들, 맥주병 부딪치는.

춘필   (선창) 나나,
연수한우승언   (다같이) 잘하자!

#32. 황금박지 사무실

강희, 자리에 앉아 도면 스케치하는데.
옆 팀에서 누군가 "강희 씨!" 부른다.
강희, 보면. 잠시 와달라는 손짓. 강희, 일어나 가면.

직원1   벽지 색깔 좀 골라줘 봐, 강희 씨.

강희   (익숙한 듯 도면 보며 컬러칩 펼치는)
직원1   저번에 강희 씨가 골라준 핑크 말이야. 그 룸 대박 났잖아.
       리뷰에 누가 올렸는데, 거기만 들어가면 비아그라도 필요 없대.
강희   (큭큭 웃고는) 그 핑크가 좀 색스럽긴 했죠.
직원1   이상하지? 강희 씨가 골라준 컬러들은 첨엔 좀 촌스럽다 싶은데 묘하
       게 먹힌단 말이야. 사진빨도 기가 막히고.
강희   (컬러칩 보다가) 이거 어때요? 마운틴 모스. 가구랑도 잘 어울리고,
       (컬러칩을 팔목 안쪽에 대보며) 피부색이 더 예쁘게 보일 거 같아요.
직원1   어우야!!

       하는데. 또 어디선가 나타난 직원. "잠시만요!!" 하며 강희를 끌고 간다.

직원2   홈페이지 올릴 건데 사진 좀 봐주세요.
강희   (사진 넘기며) 좋은데! 앵글도 좋고 넓어 보이고.. 색온도만 살짝 보정
       하자. 웜톤으로 돌리면 훨씬 아늑해 보일 거야.

       강희, 자리로 돌아가는데. 이번엔 석경이 부른다.

석경   지강희 씨, 현장 답사!!
강희   (도면 챙기며) 네.

#33. 모텔 옥상

       옥상에서 강희가 실측하는 동안 주변 뷰 살피는 석경.

석경   출장객들을 주요 유저로 하는 비즈니스 모텔이 1안인데. 가능할까요?
강희   프런트는 오픈형으로 충분히 바꿀 수 있을 거 같고.. 다이닝룸이나 세
       탁실, 짐 보관 서비스 공간이 나올지 한번 체크해 볼게요.

#34. 엘리베이터 앞

강희와 석경, 엘리베이터 기다리는데.
땡 하고 문 열리면. 안에 탄 남녀커플이 엉겨있다.
석경, 눈살 찌푸리며 헛기침하면.
남녀 급하게 떨어지는데. 남자는 헌열이다.

여자   (블라우스 앞섶 여미며) 뭘 봐요?
석경   (어이없어서) 내려요. 빨리! (남녀 내리면)
         갑시다, 강희 씨. (하는데)

입술에 립스틱 잔뜩 묻은 헌열, 강희와 석경 번갈아 보고는 히죽 웃으
며 내리는.
강희, 표정 변화 없이 모른 척한다.

#35. 엘리베이터 안

석경   (불쾌한) 뭡니까? 저 남자?
강희   고향 동창이요. 아마 오늘 밤이면 지강희가 대낮부터 남자랑 모텔 드
         나들더라, 그새를 못 참고 엘리베이터부터 반은 벗었더라… 소문 쫙
         피질걸요.
석경   (다급하게 위층 누르는)
강희   왜요?
석경   사실이 아니잖아! 가서 막아야죠.
강희   상관없어요. 고향 따위, 다시 갈 일 없으니까.

#36. 호프집

연수, 한우, 승언 맥주 마시는데.

알바   (연수 향해) 선배님. 이거 서비스요.

한우   (제 것인 양) 그래. 고마워. 여긴 서비스 안주가 왜 이렇게 많냐?

승언   연수하고 다녀봐. 이 정도는 기본이야.

한우   오.. (연수 툭 치며) 친하게 지내자.

기분 좋게 맥주 마시는데. 헌열이 연수 일행 발견하고 다가온다.

연수   김헌열! (반기며) 그땐 미안했다. 선처해준 것도 고맙고.

헌열   (연수 앞에 앉으며) 니가 뭘 죄냐. 강희 그 기집애가 문제지.

연수   (화제 돌리려) 뭐 마실래? 내가 살게.

헌열   내가 오늘 서울 놀러 갔는데. 갑자기 꼴리는 거야. 모텔에 갔지. 근데
           거기서 누구랑 마주쳤겠냐. (능글능글 웃으며 셋 보는)

연수, 한우, 승언.. 같은 생각으로 굳어지는데.

헌열   지강희 그 기집애.. 대낮부터 남자랑 모텔 왔더라. 내 그럴 줄 알았어.
           이래서 가정교육이 중요하다니까. 모텔집 딸이 뭘 보고 컸겠냐.

연수   (얼굴 굳어진)

한우   그래서?

승언   너는? 너도 간 거 아냐?

헌열   하 이 새끼들. 난 그래도 우정을 생각해서 알려준 건데.
           천연수 너 설마, 아직도 강희랑 잘해볼 생각인 건 아니지? 꿈 깨라.
           (절레절레. 일어서려는데)

연수, 강력한 파워로 헌열 잡아 앉히는.

연수   잘 들어, 김헌열. 앞으로 너... 강희에 대해 한마디라도 떠드는 순간,

특히 지금 한 얘기.. 내가 어디 딴 데서 듣는 순간 넌 내 손에 죽는다.

헌열   (연수에게서 벗어나려고 힘써 보지만. 어림도 없고) 이 자식 왜 이래?
          왜 오바야? (어색하게 웃으며 한우 보는데)

한우   연수 넌 나서지 마. 내가 미친 소 한 마리 풀면 돼.

승언   (안주 먹으며 태연하게) 포크레인으로 묻는 게 깔끔하지. 한 삽이면
          끝나.

          헌열, 사색이 되어 도망치듯 일어나는데.
          한우와 승언, 검지 중지 두 손가락으로 지켜보겠다는 신호.

연수   명심해라. 우리 깡희패밀리야. 지옥 끝까지라도 쫓아간다.

          헌열이 가고 나면. 잠시 이어지는 무거운 침묵.
          승언이 침묵을 깨고.

승언   강희... 진짜 누가 생긴 건가.

한우   (눈치 챙겨라. 승언 쿡 찌르는)

          연수, 일어나서 나가 버린다.

#37. 호프집 앞

          혼자 담배 피우는 연수 뒷모습. 하늘 향해 길게 담배 연기 내뿜는다.
          한우, 지켜보다 다가간다.

한우   괜찮냐?

연수   아니.

한우   그니까 너도 딴 사람 만나, 새꺄.

연수   그런 거 아니고 강희.. 진짜 힘들었겠다 싶어서. 내 욕심에 돌아오길
      바란 게 미안해져서.
한우   (답답한) 미안하면 강희 말 좀 듣자. 강희가 그랬다며? 각자 잘 살자고.
      이제 그만 강희 놔 주고. 너도 좀. 응? 제발!
연수   ...
한우   (놀라서) 뭐야 너. 반박을 안 해?!
연수   피고 와라. (가는)

#38. 카페

      난우, 훌쩍거리며 울고 있고.
      맞은편에 앉아 열심히 달래는 아름.

아름   왜 울어? 그만 울고 말해 봐.
난우   박사 과정 떨어지고, 취직도 안 되고.. 아빠가 선봐서 시집이나 가래요.
      당장 이번 주말에 선보라는데 나 어떡해요? (울음 커진)
아름   뚝! 선보는 거 별거 아냐. 나는 매주 보는데 뭐.
      뚝해봐 뚝! (티슈 건네며 달래는데)

      이때 불쑥 등장한 연수.

연수   취직만 하면, 선 안 봐도 돼?

      연수의 등장에 난우, 울음 그치고 보면.

연수   나 곧 오픈해. 우리 병원에서 일하자.
아름   (엥? 뜻밖이라 휘둥그레 보는데)
난우   (눈물 닦으며 단호하게) 동정은 싫어요, 선배님.

연수	동정 아니고 스카웃이야. 그동안 너 일하는 거 내가 봤잖아. 다 죽어 가던 곰자 살려서 산책시켰을 때 이미 면접 통과한 거야.
난우	(연수 빤히 보다가) 저한테 왜 이렇게 잘해주세요?
아름	그래. 너 왜 이렇게 잘해줘? (끼어드는데)
연수	(아름 무시하고 난우에게) 잘해주는 게 아니라 부탁하는 거야. 병원 자리 잡을 때까지 페이는 많이 못 줘. 대신 동물들한테 최선을 다할 수 있게 지원해줄게.
난우	(보다가) 꼭. 저여야 하는 이유가 있을까요?
아름	(당돌한 거 보소. 휘둥그레 난우 보는데)
연수	난 대동물 전공이라 시도 때도 없이 출장 다니기 바쁠 거야. 그래서 병원 살림을 믿고 맡길 사람이 필요해.
아름	살림을 믿고 맡겨? 무슨 프러포즈야?

아름의 농담에도 진지한 연수와 난우.

난우	(고민하는 표정)
연수	잘 생각해보고.. 대답 줘. 거절해도 돼.
난우	좋아요. 우리 잘해봐요.
연수	그래. 잘해보자.
아름	!! (놀라서 입 틀어막고)
난우	병원이 어디예요? 지금 가봐도 돼요?

같이 나가는 난우와 연수 보며.

| 아름 | (믿어지지 않는) 대박사건!! |
| | (혼자 감당 안 된다) 지강희!! (전화 거는데) |

#39. 황금박지 일각

강희, 전화 받고는 "나, 회의."
급하게 끊고. 회의실 쪽으로 걸어간다.

#40. 황금박지 회의실

정구와 석경, 에스더. 강희 기다리며 잡담하는.

에스더   지강희 씨 PT 승률.. 미쳤어, 진짜.
정구   (뿌듯한) 내가 지 대리 스카웃 안 했으면 어쩔 뻔했어.
석경   무슨! 지강희 씨는 내가 입사시켰죠.
정구   현장에서 낚아챈 사람이 나거든.
석경   강희 씨 디자인 픽한 사람은 나죠.
에스더   나거든. 나 때문에 입사한 거야. 강희 씨.
정구   지 대리 오면 물어보자, 어디.
석경   좋죠! 내기하실래요? (지갑 꺼내 오만 원권 두 장 탁자 위에) 십만 원 빵.
정구   (지갑 꺼내) 십만 원 받고. 십만 원 더.

지켜보던 에스더 끼어든다.

에스더   장난해요? (지갑 꺼내 있는 돈 다 꺼내놓으며) 올인!
석경   (보면)
에스더   쫄리면 들어가든가.
석경   해보자고? 오케이. 올인. (지갑 꺼내 현금 죄다 탁자 위에)
정구   나도. (역시 현금 전부 탁자 위에)

테이블 위에 수북하게 쌓인 오만 원권.
이때, 강희 회의실로 들어온다.

강희	(영문 몰라) ??
정구	우리가 지금 지분 싸움 중이거든. 강희 씨가 확실하게 정리 좀 해줘.
석경	내가 그때 삼천만 원, 확 보내버렸잖아요. 그거에 마음 흔들린 거 맞죠?
정구	무슨! 그거 돌려주겠다고 왔을 때 내가 파격 제안을 한 거지!
강희	파격 제안은 제가 했죠. 에스더 코치 덕분에.
석경,정구	(동시에) 에스더? (에스더 보면)

#41. 스카이라운지 (과거. #23 다음 상황)

야경이 보이는 라운지에 마주 앉은 강희와 에스더.

에스더	입사 제안 거절했다면서요?
강희	설득하러 온 거면 헛걸음하신 거예요.
에스더	아닌데. 잘했다고 칭찬하러 온 건데.
강희	??
에스더	이런 건 내 전문이에요. 석경이랑 창업했을 때도 투자는 다 내가 따냈어요.
강희	아... (감탄으로 보는)
에스더	결혼 선물.. 그 보답을 지금 하고 싶은데. 어때요?
강희	(의도 몰라서 보면)
에스더	강희 씨가 일을 통해서 이루고 싶은 것들을 말해 봐요.
강희	(생각하다가) 언젠간 내 회사를 갖고 싶어요. 내 이름을 건, 내 회사.
에스더	(노트북에 입력하며 듣는) 또?
강희	회사 근처에 내 공간을 갖고 싶어요. 고시원 아니고 반지하도 아닌, 나만의 공간.
에스더	(역시 입력하고) 또? (보면)
강희	(웃으며) 뭘 더 바라겠어요? 그렇게만 되면 악마한테 영혼이라도 팔겠구만.

에스더   (진지하게) 투자도 받을 의향이 있나요?
강희   (쓴웃음) 누가 투자를 해요, 나한테?
에스더   투자받을 때 제일 힘든 게 뭔지 알아요?
강희   ??
에스더   가치를 알아봐 줄 상대를 찾는 거. 강희 씨는 이미 만났어요.
강희   !!
에스더   황정구 대표님.. 업계 평판 좋고!
         금석경, 내가 보증하는데 자금 여력 충분하고!!
         무엇보다 우리 잠재력을 믿어줄 회사잖아요.
         우리 둘이 손잡고 조인해서. 모텔 업계 평정합시다.

#42. 황금박지 회의실

         정구와 석경, 입 딱 벌어진.

정구   그 모든 배후에 에스더가 있었다고?
석경   그래놓고 여지껏 나한테 한마디도 안 했다고?

         정구와 석경, 뒤통수 맞은 기분으로 강희와 에스더 보면.

강희   두 분이 황금라인이라면,
에스더   우리는 박지라인이랄까. (탁자 위 판돈 쓸어가더니)
         (대충 절반 떼서 강희 주는) 배당금! 반띵이요.
강희   배당금도 받았으니, 힘내서 일 좀 해볼까요? 무슨 일로 부르셨어요?
정구   우리 회사 브랜딩 프로젝트. 현장 책임자로 가줄 수 있어?
강희   제가요?! (감격해서) 감사합니다. 지인짜 진짜 열심히 하겠습니다. 충
         성!! (경례까지 하는) 현장이 어디예요?
정구   하나읍이라고 잘 모를 수도 있는데.

강희	어디라구요? (설마!!)
정구	하나읍.
강희	!!

#43. 병원 앞

농장, 목장, 동창회, 하다못해 라라미용실에 용수철물에서 보낸 것까
지 개업 화분 늘어선.
하나읍 여자들 역시 총출동했다.
죄다 강아지 안고, 고양이 안고, 소 끌고 줄 늘어선.

#44. 병원 안

연수와 난우, 진료 중인데.

연수	(전화 받는. 듣다가) 지금 바로 갑니다.
	(부랴부랴 챙기며) 윤 선생, 송아지 난산. 갔다올게.
난우	다녀오세요.

#45. 병원 앞

연수 나와서 급하게 차로 가는데
줄지어 늘어선 행렬들 일제히 "오빠!!" 부르는.
병원에서 기다리던 난우, 밖으로 나와서 "다음 분! 들어오세요." 하는데.
줄이 아예 연수를 향해 돌아서 있다.

#46. 황금박지 화장실 앞

강희, 화장실에서 나오는데 정구가 팔짱 낀 채 기다리고 있다.

정구   그만 좀 피해 다니지.
강희   (걸어가며) 피하긴 제가 언제요.
정구   (따라가며) 하나웁 가면 인센티브 두 배로 줄게.
강희   하나웁 안 가는 대신 패널티 물게요.
정구   진짜 이럴 거야? 우리 얘기 좀 해.
강희   데이트 있어서 지금 나가야 돼요. 전화기 꺼둘 거니까 찾지 마시고.
       저 내일부터 월차예요. 갑니다!!

       행여 잡힐세라 후다닥 지나가다. 석경과 부딪치지만.
       강희, 그대로 내뺀다.

석경   왜 저래요?
정구   데이트래.
석경   데이트요? (신경 쓰이는)

#47. 오피스텔 앞

석경, 차를 세우고 어딘가를 주시하고 있다.
석경의 시선으로.
누군가를 기다리는 강희.
이윽고 택시 도착하면. 강희, 반갑게 웃으며 다가가 문 열어주는.
석경, 긴장한 채 보는데.
택시에서 내리는 사람, 아름이다.

강희   아름아!

아름   강희야!! (끌어안고 팔짝팔짝)

데이트가 아닌 걸 알게 된 석경, 기분 좋아져서 강희와 아름에게 다가
가는데.
아름, 택시에서 영차! 영차! 무거운 박스 계속 내린다.

석경   제가 들어드리겠습니다. (드는데 어이쿠!)
마침 제 차에 카트가 있습니다. 잠시만 기다리세요.

석경이 차로 뛰어간 사이.
강희, 번쩍 짐 들고 아름 안내해 들어가 버린다.

#48. 엘리베이터

석경이 카트 밀고 뛰어오지만. 이미 엘리베이터 문 닫힌.

아름   누구야?

강희   회사 직원.

아름   너 따라온 거야?

강희   아니. 옆집이야.

아름   옆집??

강희   회사 기숙사니까.

아름   기숙사? 서울 중심가에?! 우와.. 니네 회사 뭐니?

#49. 강희 집

아름, 들어서자마자 휘둥그레.

아름   꺅!! 너무 좋아!! 이 벽지 색깔 뭐야? 미쳤다.

강희   좋아할 줄 알았어. 이 컬러 이름이 낸터킷 브리즈야. 낸터킷 섬에서
         불어오는 연둣빛 산들바람. 근사하지?

아름   (눈 감고 숨 들이마시더니) 시상이 떠올랐어. 집들이 기념으로 시 한
         편 선물할게.

강희   (웃는) 고마워. 내가 액자 해서 걸어둘게.

아름   (벽에 걸린 액자 보는)

강희   (자랑) 내가 디자인 한 건데 잡지에 실렸다!

아름   멋져멋져!! (옆 액자 보며) 이건 명함이지?
         (실제로 명함을 확대해서 걸었다) 회사 이름이 황금박지야?

강희   (웃는) 거기에 있는 지가 나야. 황정구, 금석경, 박에스더, 지강희.

아름   (감탄) 우와, 그럼 니 회사야?

강희   일종의 창립 멤버? 지분도 좀 받았고.

아름   (격한 포옹) 축하해! 훌륭해! 칭찬해! 기특해!
         어떡해, 나 눈물 나!! (진짜 우는)

강희   (시선 피하며) 옷 좀 갈아입고 올게.

         잠시 후 옷 갈아입고 나와보면.
         아름, 석경이와 신나게 수다 중이다.
         와인과 케이크와 과일 바구니까지 잔뜩 싸들고 온 석경.

석경   친구분하고 드시라고.
         아름 씨! 더 필요한 거 있으면 말씀만 하세요. 서울 구경하고 싶으면
         내일 내 차로.. (하는데)

강희   (밀어내며) 우리 둘이 알아서 합니다.

         강희, 석경 쫓아내면.

아름	저 남자, 너 좋아하지?
강희	그런가.. (하다가) 아! 최근에 무슨 소문 없었어? 나에 관해서?
아름	무슨 소문?
강희	(갸웃) 김헌열이 입 다물고 넘어갔을 리가 없는데 아무 소문도 안 냈다고?
아름	왜, 아쉬워? 내가 소문 내줄까? 끝내주는 남자랑 옆집 산다고? 옆집 사는 남자가 강희 좋아 죽는다고?
강희	(피식) 맘대로 해라. 어차피 그 동네.. 무슨 소문이 나거나 말거나. 다시 갈 일도 없고.
아름	다행이다. 너도 연수도.. 좋은 사람 만나서.
강희	(멍해지며) 연수가... 뭘 만났다고?
아름	같은 학교 후배. 걔들 인연인 게 첫 만남부터 운명이랄까. 내가 마침 그걸 봤잖아. 곧 결혼할 거 같아.

아름, 계속 떠드는데.
강희 마치 물속에 앉아 있는 것처럼. 아름이 하는 말이 다 멍... 윙윙 댄다.

#50. 동물병원 주차장

차에서 사료며 약이며 등.. 짐 내리는 연수와 난우.

연수	윤 선생. 운전은 해?
난우	면허 딴 지 좀 돼서 연수 다시 받아야 돼요.
연수	출장 나갈 일 많고. 응급 상황도 많으니까 시간 나는 대로 연수 꼭 받아.
난우	(장난기) 연수가 연수 해주심 안 돼요?

#51. 차 안

골목길.
운전하는 난우. 쩔쩔매며 진땀 빼질.
연수 눈치 보며 애는 쓰는데 속도 너무 느리다.

연수 조금만 더 빨리 가볼까?
난우 빨리요?

난우, 액셀 확 밟아 속도 높이는데. 맞은편에 차가 진입한.

연수 스톱!!!!! 스톱!! 액셀 말고! 브레이크으으으!!

끽!!! 소리와 함께 간신히 멈춰 선 차.
맞은편 차와 거의 충돌할 뻔. 상대방 차도 급브레이크 밟은.

연수 (얼른 난우 살피며) 괜찮아, 윤 선생?
많이 놀랐지? 사고 안 났고. 안 다쳤으니까 됐어. 가만있어.

연수, 내려서.
상대차 향해. 죄송합니다. 손짓과 묵례하고.
운전석 쪽으로 간다.

연수 내려. 내가 운전할게.
난우 저 못 내리겠어요. 선배님. (덜덜 떠는)

연수, 상대 차 보는.
어쩔 수 없다. 난우 번쩍 안아서 내리는데.
이때 상대 차에서 내리는 사람. 강희다.

이어서 석경도 내리는.
연수, 너무 놀라 난우 안은 손 힘 풀리고.
난우, 엄마야. 연수 목 끌어안는.
그렇게 마주친 네 사람에서.

3부 끝.

4부

#1. 결혼식장 (꿈)

결혼식장 입구.
어떻게든 들어가려는 강희와 강희를 막아선 한우, 승언, 아름.

강희 비켜봐. 좀!! 할 말 있다고. 연수한테.

한우 이제 와서 무슨 할 말?!

승언 (안타까운 얼굴로) 늦었어. 강희야.

아름 니가 이러면 연수만 힘들어.

실랑이하는데. 턱시도를 갖춰 입은 연수가 등장한다
한껏 말쑥하게 차려입은 모습이 레드카펫의 연예인보다 멋지다.
강희, 신랑 복장의 연수 모습에 숨이 턱 막히지만,

강희 천연수! 만난 지 얼마나 됐다고 결혼을 해? 잘 알아보고 결혼하는 거
      맞아? 여우 같은 애한테 홀린 거 아냐? (쏟아내는데)

연수 함부로 말하지 마.

강희 뭐?! (뭔가 억울한. 눈물 차오르는) 나만 좋아한다며? 나만 기다린다며?

연수   (냉정한) 첫사랑 디 엔드. 니가 했던 말이야.

강희   !!

연수   넌 이제 나한테 과거야. 잘 가라. 지강희.

         연수, 돌아서 들어가면.
         그날의 연수처럼 강희, 와르르 무너지는.

#2. 신부 대기실 (꿈)

강희E   대체 누군데? 어떤 여잔데?!

         긴장한 채 조심조심 신부 대기실로 다가가는 강희.
         웨딩드레스를 입은 신부 모습 보이는.
         얼굴은 가려진 채 누군가와 통화 중이다.

신부   이름 그대로 천연수야. 완전 순진해.
         집도 있고, 병원도 있고.. 한몫 챙겨서 튀어야지. 좀만 기다려, 자기야.

         듣다가 못 참고 벼락같이 달려드는 강희.

강희   너 뭐야! 연수한테 무슨 짓을 하는 건데!!
         어디, 얼굴 한번 보자!!

         면사포 쓴 신부 머리채를 부여잡고 흔드는 강희.

#3. 강희 집

강희에게 머리채를 잡힌 아름의 비명 소리.

아름 왜 이래. 강희야. 이거 놔!! 아퍼!!

강희, 악몽에서 깨어난다.

아름 무슨 꿈을 꾼 거야? 뭘 계속 안 된대?
강희 (식은땀 닦고는) 아름아... 만약에, 만에 하나 만약에..
      내가 하나읍에 일하러 가면 어떨 거 같아?
아름 악몽 꿨구나! 하나읍 오는 꿈!!
강희 (끄덕이면)
아름 야, 겁먹지 마. 니가 뭐 죄졌냐? 그게 언제 적 소문인데.
      그리고. 너도, 연수도 인제 다 제 짝 찾았는데 뭐. 어쩔 거야? 걱정 말
      고 와.
강희 ...아니야. 그럴 일이 뭐가 있어. 하나읍에 호텔이 있길 해. 쇼핑몰이
      있길 해.. 나 안 돌아가.

#4. 황금박지 사무실

뛰어 들어오는 강희.

강희 (다짜고짜) 저 갈게요.
석경 (뜨악) 어딜요?
강희 하나읍이요. 제가 간다구요.
석경 대표님이 벌써 내려가셨는데?
강희 ....

이때 자동차 사고음 요란하게. 쿵!!! 끽!!

#5. 병실

사색이 된 강희와 석경, 급하게 병실로 들어오면.
목에 보호대 두르고 팔, 다리에 깁스를 한 채 침상에 누워있는 정구.

강희　　괜찮으세요? 얼마나 다치신 거예요?
정구　　보시다시피 살아는 있어.
석경　　차는 폐차할 지경이라는데. 이만하기 천만다행입니다, 진짜.
정구　　비보호 좌회전이 말이 돼? 어떻게 보호도 안 해주는 신호 따위를 만들
　　　　었을까?
강희　　조심하셨어야죠!!
정구　　(갑자기 앓는 소리) 아야, 아야..
강희　　의사 부를까요?
정구　　난 괜찮구.. 하나읍 건 어떡하지? 날은 추워지는데, 내 다리 붙을 때까
　　　　지 공사를 미루자고 할 수도 없고.. 이 꼴로 내려갈 수도 없고.. (강희
　　　　에게 무언의 압박)
강희　　(결심한) 인센티브 두 배 맞죠?!
정구　　(반색하며) 가줄 거야?
강희　　디자인 변경해도 되죠?
정구　　(더 반색) 그것도 해줄 거야?
석경　　미팅 일정 다시 잡아야겠네요.
정구　　금 실장이 프로젝트 진행 상황을 다 아니까, 둘이 같이 가.
강희/석경　(동시에) 에?! / 예!

#6. 오피스텔 입구

입구에서 출장 가방 든 채 만난 석경과 강희.
강희는 선글라스에 모자, 마스크, 스카프로 중무장했고.

석경은 명품 리조트룩으로 온몸을 휘감은 여행객 차림이다.

강희	어디 크루즈 여행 가세요?
석경	그러는 지강희 씨는 검찰청 포토라인 섭니까?
강희	현장에 그렇게 입고 가면 옷 다 버릴 텐데.
석경	어차피 시즌 지나면 버릴 옷들 아껴서 뭐 합니까.
	(자기 옷) 이런 거 안 입고, (강희 옷) 그런 거 사면 그게 낭비지.
강희	됐고. 같이 가는 대신 조건이 있어요.

#7. 차 안

석경이 운전하는 차에 강희 같이 탄.

강희	숙소는 30분 떨어진 시내로 잡아요.
석경	(의아한) 왜요?
강희	시골 안 살아봤죠? 내가 살아봐서 아는데. 말들 진짜 많아요.
	공사 소음이 어쩌네 저쩌네, 사돈의 팔촌까지 끌어다 중매를 서네 마
	네, 밤이나 낮이나 시도 때도 없이 찾아오고.. 골치 아파요.
석경	콜!
강희	마찬가지 이유로 식당 가서 안면 트면 그것도 피곤하니까 밥도 싹 다
	배달시켜 먹어요.
석경	콜!
강희	그리고, 이게 제일 중요한 건데..
석경	(질렸다는 듯) 또 있습니까?
강희	내 이름 부르지 말아주세요.
석경	에엥? 지강희를 지강희라고 안 부르면 뭐라고 부릅니까?
강희	우린 일로 만난 사이고, 회사에서는 부르는 직책이 엄연히 있는 거잖
	아요.

석경   아, 그런 거 따지는구나. 알았어. 지 대리.
강희   ...것도 안 되겠어요.
석경   또? 그럼 뭐요?
강희   지강희나 지 대리만 아니면 아무거나 괜찮아요. 어이, 거기, 자네, 야,
        뭐든 다.
석경   그럽시다, 임자.
강희   ?
석경   책임자 맞잖아요.

#8. 모텔 캘리포니아 앞

모텔 캘리포니아 앞에 차 세우는 석경.

석경   내리시죠. 책임자 씨.
강희   (당황) 현장은 길 건너 아니에요?
석경   이 동네 잘 아네!
강희   지도에서 봤어요. 지도에서!
석경   클라이언트 미팅을 공사장에서 할 겁니까?
강희   그건 아니지만.. 왜 하필 여긴데요?
석경   여기 사장님이 클라이언트니까.
강희   네에? (진심 놀란)
석경   도면 다 챙겼죠?

석경 먼저 내리면.
강희, 에라 모르겠다. 선글라스 쓰고, 마스크 올리고 중무장한다.

#9. 모텔 캘리포니아 로비

로비로 들어오는 강희와 석경.
로비 입구에 있던 미스터 권, 강희 보고 휘둥그레 눈 커지는.
강희, 못 본 척 뻔뻔하게 미스터 권을 지나쳐 춘필에게로 직진한다.
춘필 역시 놀라서 강희 보는데.

강희   (시침 뚝) 처음 뵙겠습니다. 인테리어를 맡게 된 디자이넙니다. (꾸벅
       인사하는)
춘필   (완전 쌩까는 강희를 어이없이 보다가) 저는 황 대표님 믿고 일 맡긴
       겁니다. 대표님 쾌차하시는 대로 진행할 테니까 그만 돌아가 주십시오.

석경, 싸한 춘필의 태도에 당황했지만. 서둘러 수습하는.

석경   여기 지 대리.. 황 대표님이 가장 믿고 신뢰하는 우리 회사 에이습니다.
       (강희를 춘필 쪽으로 밀며. 얼른 어필하라고)
강희   저희 아버지도 모텔을 하셔서.. 사장님이 뭘 원하시는지 누구보다 잘
       안다고 확신합니다.
춘필   (뻔뻔함에 실소) 그래요? (팔짱 끼며 느긋하게) 어디서 모텔을 하시나?
석경   (얼른 나서는) 아! 열 살 때 돌아가셨답니다.
춘필   !!
미스터권 !!
강희   (눈 질끈 감는)
춘필   그렇군요... 그럼 어디, 얼마나 내 맘을 잘 아는지, 한번 들어나 봅시다.

#10. 모텔 캘리포니아 식당

식당 테이블에 화이트보드 세워두고 회의하는.
춘필과 미스터 권, 강희와 석경이 마주 앉았다.

석경		우리 황금박지는 모텔을 하나의 문화공간으로 인식시키는 리모델링 프랜차이즈 사업을 추구합니다. 간단히 말해서 '모텔을 호텔처럼' 브랜드화하는 거죠.

춘필		(끄덕이면)

석경, 화이트보드에 Motel과 Hotel 크게 쓴다.

석경		둘의 차이가 보이시나요?
		제가 이 차이를 없애보죠. (M과 H 지우는)
		모텔과 호텔의 차이를 지운 '오텔'이 우리의 브랜듭니다. 모텔 부메랑이 아니라 '오텔 하나'가 되는 거죠.

춘필		오텔... 금 실장 아이디업니까?

석경		저도 그랬음 좋겠는데. (웃음) 저기 앉은 책임자 씨 아이디업니다.

춘필		(강희 보는)

-인서트. 모텔 캘리포니아 주차장 (과거)

까만 밤. 네온사인 반짝이는 모텔 캘리포니아.
주차장, 차 보닛 위에 춘필과 9살 강희, 나란히 별 보다가.

강희		아빠! 저기 네온사인 하나 고장 났는데. (Motel의 M만 꺼진)

춘필		응. 아빠가 일부러 끈 거야.

강희		왜?

춘필		아빠는.. 호텔 캘리포니아가 꿈이었거든.

강희		응?

춘필		우리 집은 오텔 캘리포니아야, 오텔!

강희		모텔 아니고 오텔?

춘필, 잊었던 추억 떠올리는데.

석경   이어서. 디자인 설명 드리겠습니다. (강희에게 차례 넘기는)

강희, 탁자 위에 모텔 측면도 펼치고. 그 위에 스케치페이퍼 올린다.

강희   수영장이 딸린 파티룸을 원하신다고 들었습니다.
춘필   가능합니까?
강희   루프탑 풀을 만들면 어떨까요? (플러스펜으로 스케치페이퍼에 풀과
       데크 그리는) 꼭대기 층을 파티룸으로 하고. 데크와 연결되게 동선을
       잇는 거죠.
       현재 지하에 있는 재즈바도 파티룸 바로 아래층으로 올리고, 다시 그
       아래층에 로비를 두는 식으로.. (지하의 바와 1층 로비를 동그라미로
       묶어 위층으로 화살표) 이렇게 하면 뷰를 최대한 살릴 수 있으니까.

       강희가 설명하는 사이.
       석경, 춘필의 표정 살피는데. 춘필의 얼굴이 점점 굳어진다.

강희   이렇게 변경하면 물론 객실 수는 줄겠지만... (하는데)
춘필   잠시 실례하겠습니다. (나가 버리는)
미스터권   (따라 나가고)
석경   (당혹스러운) !!
강희   (담담한) ...

#11. 모텔 캘리포니아 일각

춘필, 창밖 보고 있다.
따라온 미스터 권, 그런 춘필의 뒤에 말없이 서 있는.

-인서트. 모텔 캘리포니아 옥상 (과거)

춘필, 9살 강희와 건너편 모텔 보는.

| 춘필 | 아빠가 나중에 돈 많이 벌어서 저기 사면..
| | 옥상에다 강희 좋아하는 수영장 만들어줄게.
| 강희 | 여기다 만들면 안 돼?
| 춘필 | 저쪽이 뷰가 훨씬 좋아.
| | 그 밑에 층엔 아빠가 좋아하는 재즈바도 만들고.
| | 프런트도 아예 위로 올려버릴까? 외국 호텔들처럼?

춘필   잊어버리고 있었는데.. (먹먹한 목소리)
       강희가... 다 기억하고 있었어.. (어깨 들썩이면)

미스터 권, 조용히 다가가 손수건 건네는.

#12. 모텔 캘리포니아 회의실

안절부절못하고 있는 석경.
춘필과 미스터 권이 오면. 표정 스캔하는데. 춘필의 얼굴이 더 굳어있다.

석경   시안이 마음에 안 드시면. 얼마든지 수정 가능합니다. 저희도 무리한
       변경이란 건 인정.. (하는데)
춘필   (OL) 그렇게 하죠.
석경   네?
춘필   (강희 보며) 내가 꿈꾸던 그대롭니다. 잘 부탁합니다. (악수 청하는)
강희   (거절할 수도 없고. 악수하면)
춘필   (두 손으로 강희 손 감싸 잡고) 환영합니다. 쉽지 않았을 텐데.. 여기
       까지 와줘서 고맙습니다. (따뜻하게 보는)
강희   (마음 복잡한. 시선 피하며 잡은 손 빼는) 현장에 가봐야 해서.

꾸벅 인사하고 서둘러 빠져나가는 강희.

#13. 공사 현장

강희 공사장 안쪽으로 들어오면, 석경 뒤따라오고.
작업 지시 내리고 있던 반장 달려온다.

반장   실장님 오셨어요?

석경   (강희 소개) 인사하세요. 오늘부터 현장 맡을 책임자 씹니다.

강희   잘 부탁합니다. (인사하는데)

반장   (선글라스 보는)

강희   (느끼고) 아.. 눈병이 나서.

반장   (한발 뒤로 물러나는)

석경   작업은 어떠세요?

반장   아직까지는 괜찮습니다. 그동안 지하수를 사용해서 보일러도 그렇고
         문제가 많았다는데, 상수도 끌어오면 해결될 거 같습니다. 숙소는 정
         했어요?

석경   저희는 근처 호텔로 갈까 합니다.

반장   에이, 뭐 하러. 전기팀이랑 우리팀 다 저기서 묵는데.
         (건너편 모텔 캘리포니아 가리키며) 가깝고, 깨끗하고. 조식이 기가 막
         혀요.

석경   그래요? (혹해서 강희 보면)

강희   저희가 같이 묵으면 불편하죠.

석경   그렇답니다, 책임자 씨가.

이때 배달 오토바이 덜덜거리며 공사장 안으로 들어오는데
배달부, 동창 용수다.
바로 고개 돌리며 얼굴 숨기는 강희.

강희   (석경에게 속사포로 속삭이듯) 빨리 나가요.

        오토바이 멈추고, 현장에 내리는 용수와
        그 옆 스쳐 지나가는 강희와 석경.

#14. 차 안

        한적한 하나읍 거리 달리는 석경의 차.

석경   읍내로 나가볼까요?
강희   여기가 읍내거든요. 이쪽 말고 저기 골목으로 들어가요.

        골목으로 들어섰는데.
        반대편에서 미친 속도로 달려오는 차.
        석경, 놀라서 급정거하며 조수석에서 튀어 오르는 강희를 팔뚝으로
        막아주고는.

석경   저 차 뭐야? 괜찮아요? (강희 보는데)

        강희, 대답 없이 앞만 뚫어지게 보는.
        석경, 강희 시선 따라 보는데. 조수석에서 내리는 사람 연수다.

석경   !!! (연수 보고 놀라 바로 강희 보는) 저 사람, 맞죠?

        하는데. 연수, 운전석에서 패닉한 난우 번쩍 안고 내린다.
        연수 목 감싸 안는 난우.
        그 순간. 강희 차 문 열고 내려 뒤돌아 걷는다.
        석경도 따라 내린다.

| 석경 | 저기요. 지강.... 아니, 임자!! 책임자 씨!! |
| 강희 | (뒤돌아 석경 째려보고 다시 빠른 걸음) |

강희 알아본 연수. 난우 내려놓고 강희 쫓아오며.

연수	강희야! 지강희!
강희	(돌아서며) 쉿!! 조용히 해.
연수	맞구나...
강희	일하러 왔어. 부메랑 모텔. 아무도 모르게 공사 끝내고 조용히 사라질
	거니까 소문내지 마. 나 온 거 소문나면 니 탓이야.
연수	언제까지 있을 건데?
강희	크리스마스 오픈이야.

크리스마스란 말에
지난 크리스마스 호텔방에서 했던 강희의 이별 통보 떠올리는 연수.

| 강희E | 미래를 꿈꾸게 해줄 사람이 필요해. |
| | 어쩌면 이미 만난 것도 같고. |

연수 저도 모르게 석경에게로 시선.
그런 연수 지나쳐 가는 강희.

#15. 도로

강희, 혼자 걸어가는데.
천천히 차로 따라오는 석경.

| 석경 | 어이! 거기! 임자! |

#16. 호수 앞

노을이 내려앉는 호수를 바라보는 강희와 석경.
아무 말 없이 조용하다.

석경   (침묵을 깨고) 지강희 씨가 왜 그렇게 오기 싫어했는지 알았어요. 그
         호텔남, 지강희 씨 첫사랑 맞죠?
강희   연수는... 첫사랑이 아니라 내 구원자였어요.

#17. 교실 (과거)

9살의 어린 강희와 한우, 승언이 들어서는데
각자 자기 가방은 등에 멨고
김헌열파 가방들 양팔에 하나씩 걸고 앞으로도 멨다.
교실 앞에 우르르 내려놓으면. 제 가방 찾아가는 헌열파 아이들.

강희   (거들먹거리는 헌열에게) 쪽수로 이기고.. 안 쪽팔리냐?
헌열   (어깨 으쓱) 꼬우면 너도 니 편 더 뽑든가.

강희, 반 아이들 쭉 보는데. 다들 강희 눈 피하는.
이때, 누군가 "전학생이다!!"
강희 눈이 번쩍!
창문 쪽으로 우르르 몰려드는 아이들. 헌열, 제일 잘 보이는 창 앞에
서고.
강희도 가서 보려 하지만. 몸으로 막아서는 헌열 패거리들.

#18. 운동장 (과거)

순자(이때는 개명 전)의 손을 잡고 운동장을 가로질러 오는 9살 연수.
아이들 함성 소리에 고개 드는데.
다른 아이들보다 머리 하나는 더 크게 튀어 올라 있는 강희와 눈 마주
친다.

#19. 교실 (과거)

한우와 승언의 팔가마를 타고 높은 데서 연수를 탐색하는 강희.
"쌤 오신다!!" 누군가의 외침에. 우당탕탕 자리로 돌아가는 아이들.
강희도 자리에 앉는데.
연수가 선생님과 함께 교실로 들어온다.
덩치는 크지만 부끄러움을 많이 타는 순둥순둥 연수,

연수   안녕. 천연수라고 해. (하는데)
강희   (손 번쩍 들고) 여기요!! 여기 자리 비었어요.

멀쩡히 강희 옆자리에 앉아 있던 한우,
강희가 툭 치자 얼른 짐 싸들고 맨 뒤 빈자리로 이동한다.
아이들, 우우… 야유하는 소리에도 강희 아랑곳하지 않고 연수 붙잡
아 옆에 앉힌다.

강희   (다짜고짜) 너 몇 키로야?
연수   (당황당황)
강희   너 싸움 잘해?
연수   (더 당황당황)
강희   너 깡패 할래?
연수   (아무 말도 안 했는데)
강희   한다고? 좋았어!!

한우와 승언에게 손가락으로 오케이 신호 보내는 강희.

#20. 모텔 앞 (과거. 2부 #3 연결)

눈 쌓인 하얀 길 위에
강희 앞을 막아선 연수. (18살 에피소드)

연수   (다급하게) 좋아해.
강희   !!
연수   아홉 살에 너랑 짝꿍이 된 그날부터.. 단 한순간도 널 좋아하지 않은
          적이 없어.
강희   (고백에 당황한) 야!!
연수   내가 못나고 부족한 건 알지만.. 그래도.. 너 좋아해도 돼?

연수, 진심을 담아 간절하게 강희 보면.
강희, 연수 시선 피해 하늘 보다가...

강희   이제부터...
연수   (조마조마 강희 대답 기다리는)
강희   (연수에게로 시선) 나, 잘 살아야겠다.
연수   ??
강희   니가 나 좋아했던 거 쪽팔리지 않게.. 진짜, 멋있게 살아야겠다.
연수   (안도와 감동) 강희야... (두 손 내밀어 강희 손 잡으려는데)

강희, 쓱 피하더니. 장갑 낀 손으로 오동통한 연수 양쪽 볼 잡아 흔드는.

강희   누가 너보고 못났대?! 누가 너보고 부족하대?!
          곰탱이시키, 그딴 소리 한 번만 더 해!!

연수   아야!! (아프지만 그래도 마냥 좋다)

#21. 호수 앞

강희   나는 늘.. 연수를 의식하면서 살았던 거 같아요.
         연수가 없었으면 아마.. 십 대도 이십 대도 엉망이었을 거야.

         강희, 나름 속마음 털어놓고. 감상에 젖어드는데.

석경   열받네.
강희   ??
석경   지강희 씨 괴롭힌 동창들 누굽니까? 이제라도 한판 붙죠.
강희   그럴 필요 없어요. 내가 이미 다 밟아놔서.
석경   ...불편하면 강희 씨는 서울 갈래요?
         디자인 컨펌 났으니까 진행은 프리랜서 붙여도 돼요.
강희   내 디자인은 내가 마무리합니다.
         숙소, 식당, 호칭. 세 가지만 잘 지켜주세요.

#22. 모텔 캘리포니아 로비

         강희가 들어올까 기대하며 로비 앉아 있는 연수.
         로비 문 열리고, 기대감에 일어나면. 한우다.

한우   (소문 전하는) 지강희 왔다는데?
연수   (놀라서) 누구한테 들었어?
한우   울 아버지 장에 갔다 들으셨대.
연수   장에 소문 다 났다고? (난감한데)

한우   뭐야? 너 알고 있었어? (하는데 모텔 문 열리는)

승언   (들어오며) 강희 아직 안 왔어?

연수   넌 또 어떻게 알았어?

승언   용수. 배달 갔다 봤다던데.

연수   하필이면 떠벌이 용수..

한우   강희 만났냐고?

연수   마주쳤어. 우연히. 여기 온 거 비밀이랬는데...

한우   비밀 같은 소리하고 있네. 여기 하나읍인 거 모르냐. 뭘 새삼..

#23. 라라미용실

삼삼오오 구르프 만 채 모여 있는 아줌마들.

아줌마1   들었어? 지강희 왔대.

라라   아이고 또 그 소리. 오늘만 열 번도 넘게 들었네.
       모텔집 딸이 모텔 공사하러 왔다며? (깔깔거리며 웃는)

머리하러 앉아 있던 아름, 발끈.

아름   그게 뭐가 웃겨요? 강희 인테리어 전문가예요, 전문가!!

수지   서울서 잘 나간다더니, 고작 시골 모텔이나 수리하러 다니는 거야?

아름   잘 나가는 거 맞거든요! 도심 쫙 보이는 서울 한복판에 살구요, 인테
       리어 잡지에도 실리고 국제 대회에서 상도 받았어요!!

수지   그런 애가 왜 여길 와?

라라   아아!! (알겠다는) 지 아빠 거라 특별히 왔나 보다.

수지   (깜짝 놀라) 부메랑이 오라버니 거였어?

라라   몰랐어? 투자했던 금광인지 은광인지가 터졌잖아. 강희 만나는 놈은
       땡잡은 거지 뭐.

아름	강희 만나는 남자는 더 부자거든요. 유학파에, 영앤리치에, 호텔 상속 자에..
수지	그런 남자가 뭐가 아쉬워서 강희를 만나?
라라	어쩐지..
수지	??

#24. 공사장

라라(E)	공사 끝나면 바람과 함께 사라지더라. 둘이서만.

강희, 석경과 같이 차에 올라타고.
공사장 떠난다.

#25. 모텔 앞

멀끔한 외관의 신식 모텔 앞에 멈춰 서는 석경 차.
강희와 석경 같이 내려 모텔 보고.

석경	오늘은 여기 어때요? 새로 생긴 데라 깨끗할 거 같은데.
강희	사람 많을 거에요. 사람 많으면 사건 사고도 많고.
석경	그래도 어제 거긴 못가요. 이불에 냄새나고.
강희	나두요. 샤워기에서 녹물 나왔어요.

석경과 강희, 나란히 모텔로 들어가고.

석경E	방 2개요.

(시간 경과)

아침. 강희와 석경 하품하며 나온다.

어젯밤보다 안색이 더 좋지 않은 두 사람.

강희   한숨도 못 잤어요. 옆방에 경찰 와서 소리 지르고...

석경   (초췌) 나도 진짜 이렇게는 도저히 못 살겠어요.

        이럴 바에 차라리.. 우리도 거기 갈까요?

강희   (마찬가지로 초췌하고) 어디요?

석경   모텔 캘리포니아. 반장님 말로는 조식이 그렇게 맛있다는데.

강희   (단호) 실장님은 그렇게 하세요. 전 녹물을 마셔도 거긴 안 갑니다.

#26. 모텔 캘리포니아 식당

조식 먹고 있는 공사장 인부들.

그 틈에서 조식 먹는 연수, 온 신경이 인부들 대화에 쏠려 있다.

연수와 같은 테이블에 앉은 한우, 승언.

인부들 밥 다 먹고 나가면.

연수   지독한 책임자가.. 강희겠지?

한우   응. 얄짤없는 책임자.

승언   그래도 새참은 후한 책임자라던데!

한우   근데.. (망설이다) 그 남자가 그 남잔가? 강희 남친?

승언   아니었음 좋겠다...

연수   왜?

승언   도박 중독이래. 서울 안 가고 여기 있는 것도 카지노 때문이라던데.

한우   어? 도박이래? 내가 듣기론 낮에 대마 농장 보러 다닌다던데.

연수   (심각해지는) 확인.. 해봐야 되는 거 아냐?

한우   누가? 우리가? 왜?

연수   ..친구잖아.

한우   (응. 너나 해) 파이팅.

연수   ...

#27. 동물병원

연수, 계속 병원 창가 쪽을 서성이며 공사장 쪽 바라보는데.
연수 시선에 꽂힌 석경의 차.
석경의 차 공사장 빠져나가자 연수도 병원 문 열고 빠져나온다.

#28. 공사장

건물 옥상. 병원 쪽 바라보며 서 있는 강희.
연수가 차 타고 병원 빠져나가는 거 보고는.
지금이다!

#29. 동물병원

강희, 손님인 척 병원 문 열고 안으로 들어가는데.
환하게 웃으며 맞이하는 사람, 난우다.

난우   안녕하세요.

강희   (젠장. 예쁘다)

난우   (동물 없이 온 손님 의아하고) 어떻게 오셨어요?

강희   (말없이 스캔하는. 선글라스 낀 채)

난우   아.. 유기견 입양. 상담 오셨구나.

날씨가 춥죠? 차 한 잔 드릴까요? 코코아, 믹스커피, 카모마일 있는데 뭘로 드려요?

강희   카모마일 주세요.

난우   (좋아라) 드디어!!

강희   ??

난우   나는 코코아만 먹고, 원장님은 믹스커피만 드시는데 굳이 카모마일을 사두시는 거예요. 것도 엄청 고급으로.

강희   !!

-인서트 (3부 #8)

지난 크리스마스. 호텔.

연수   (급 어색. 긴장해서) 와인 한 잔 줄까?

강희   (아이스버킷에 꽂힌 와인 보더니) 얼어 죽으라고?

연수   아, 미안. 따뜻한 차 줄게.

강희   카모마일 있어?

난우   원장님 말로는 카모마일 좋아하는 친구분이 있대요.

강희   원장님은 안 계세요?

난우   네. 출장이 많아서 바쁘세요.

강희   원장님은... 어떤 분이세요?

난우   동물을 진짜 사랑하시는 분!!
동물뿐이겠어요. 사람한테는 더 잘하시죠.
한 마디로, 믿고 의지할 수 있는 진짜 어른! 진짜 남자! (하다가) 아!
저기 사진 있어요!

병원 한 켠에 걸린 액자 가리키면.
개원하는 날 병원 앞에서 찍은 사진이다.

연수와 난우 나란히 찍은 사진에
"천쌤. 윤쌤"이라고 난우가 귀엽게 적어두었는데.
지금의 강희 눈엔. "천생. 연분"으로 읽힌다.
강희, 속 뒤집히는데.

난우   멋있죠. 우리 원장님?

한마디 한마디가 연수에 대한 애정이 뚝뚝.
강희, 들끓는 마음 감추려 고양이 깜희 만지면.
깜희, 바로 배 뒤집어 까는.

난우   (깜짝 놀라) 깜희!!
깜희 이러는 거 처음 봐요. 얘가 이런 애가 아니거든요.

난우, 신기해하며 핸드폰 동영상 찍는데.
강희, 난우 핸드폰이 얼굴 쪽으로 올라오자 바로 깜희에게서 손 뗀다.

난우   아, 죄송해요. 허락 없이 찍어서.
한번 보실래요? 싫으시면 바로 지울게요. 잠시만 보고 계세요.

난우가 자리 비운 사이
강희 그대로 병원 문 열고 나온다.

#30. 차 안

석경의 차 뒤따라가는 연수.
적당히 거리 두고 따라가는데. 갑자기 급정거하는 석경의 차.
연수도 급정거하며. 고개 숙이는.

들켰나.. 조심스레 고개 들어 석경 살피는데.

석경, 기둥에 묶여있는 개 발견하고 구조하려 애쓰는.

처음에는 영문 몰라 지켜보던 연수, 깜짝 놀라 뛰어가 돕는다.

짧은 쇠줄로 기둥에 묶인 채 오랫동안 방치된 듯 보이는 개.

그동안 도망가려 버둥거렸는지 줄이 목을 파고들어 상처가 심각하고.

영양 상태도 비참하다.

옷이며 신발이며 엉망이 되는데도 아랑곳하지 않고 구해내려 애쓰는
석경.

뜻대로 줄이 풀리지 않고. 개가 더 힘들어하자. 안타까움으로 어쩔 줄
모르는데.

연수, 그런 석경 비키게 하고. 구조장비로 개를 구조해 낸다.

석경	근처에 가까운 동물병원이 어딥니까?
연수	제가 데려가겠습니다. (명함 주면)
석경	(보고) 수의사셨구나...
	(자신의 명함 주며) 이 녀석 꼭 살려주십시오. 치료비는 얼마가 들어도 좋습니다.
연수	치료는 내가 알아서 합니다. 대신 몇 가지 질문 좀 해도 되겠습니까?
석경	얼마든지.
연수E	혹시 도박..합니까? 마약 중독은 아니죠? 강희랑은 어떤 사입니까? 소문 다 사실입니까? (다그쳐 묻고 싶은 마음 꾹 누르고 참는)
석경	질문 있다면서요? (의아하게 보면)
연수	강희 선글라스... 혹시 멍든 겁니까?
석경	(빵 터진) 지강희 씨가 어디 가서 맞고 다닐 캐릭텁니까?

#31. 동물병원

연수, 구조해 온 강아지 치료하는데

용수철물 아저씨, 배달 왔다가 참견하는.

아저씨	쯧쯧.. 어제 공사장 근처에서도 죽은 고양이가 나왔다는데.

아저씨　쯧쯧.. 어제 공사장 근처에서도 죽은 고양이가 나왔다는데.
　　　　아무래도 서울서 온 그 남자 소행이지 싶어. 여태 우리 마을에선 이런
　　　　일 없었잖아.
연수　　그런 사람 아니에요.
아저씨　겉만 보고는 모르는 거야. 연수 니가 겪어봤어?
연수　　네! 겪어봤어요. 그러니까 아저씨.. 이상한 소문내지 마세요.
아저씨　그럼 다행이고... 강희랑도 그렇고 그런 사이라는데. 나쁜 놈은 아니
　　　　어야지. 암암.

연수 마음 착잡해지는..

연수　　깜희야. 이리 와... (하는데)
난우　　깜희 동영상 보셨어요? 제가 아까 보냈는데.
연수　　(동영상 보다가) 강희가 왔었어? 여기?
난우　　누군지는 모르는데.. 카모마일 찾으셨어요.
연수　　!! (후다닥 나가는)

#32. 공사장 현장

인부들 작업 중이고.
급하게 온 연수, 둘러봐도 강희는 보이지 않는다.
공사장 인부 붙들고.

연수　　여기.. 서울서 오신 여자분...
인부　　책임자분? 아까부터 안 보이네. 금 실장이랑 서울 갔나...

#33. 퍼스널 쇼핑 라운지

퍼스널 쇼퍼가 픽해서 골라온 옷들 행거에 걸려 있고.
에스더는 차 마시며 잡지 보는데.
피팅룸에서 옷 갈아입고 나오는 석경.

에스더   (보고는) 스타일 바뀐 거야?

석경   제일 노동복스럽잖아. (쇼퍼에게) 이걸로 입고 갈게요.

쇼퍼   그럼 입고 오신 옷은 드라이해서 댁으로..

석경   아뇨, 그냥 버려주시고 입은 걸로 세 벌, 아니 다섯 벌 챙겨주세요.

에스더   (놀라며) 거기 얼마나 오래 있을려고?

석경   크리스마스 오픈 때까진 있어야지.

에스더   시골 생활 일주일도 못 버틸 줄 알았는데..

석경   힘들어. 숙소도 엉망이고, 먹을 것도 입에 안 맞고...

에스더   근데 왜 내려가는데? 너 이제 안 가도 되잖아.

석경   그러게...

에스더   강희 씨 때문이야?

석경   !!! 나 그런 거였어?

    에스더!! 넌 어떻게 나보다 날 더 잘 아냐?

    가봐야겠다.

에스더   정신 차려!! 대표님은 보고 가야지. 지금 기다리고 계셔.

#34. 황금박지 사무실

휠체어 탄 채 업무 보는 정구.

석경   설계 바꾼 거 보셨어요?

정구   역시 지강희!! 과감하게 바꿨더라. 클라이언트 설득이 될까 싶어서 나도 그렇게까진 못 했는데.

석경　의외로 좋아하던데요. 클라이언트가.

정구　내가 다친 게 전화위복이었네. 공사 진행 상황은 어때?

석경　철거 끝내고 배관작업 곧 들어가요.

정구　속도 내야지. 날 금방 추워져.

석경　안 그래도 오늘 밤엔 철야할 겁니다.

정구　강희 씨는 잘 지내지?

#35. 국밥집

국밥 하나 시켜놓고 소주 따르는 강희.
병원에서 본 난우 생각에 착잡하다.

강희(E)　사랑스러워. (원샷)

강희(E)　꼬인 데라곤 하나도 없어. (원샷)

강희(E)　연수한테... 잘 어울려, 젠장. (병나발)

#36. 도서관

강희 행방 물으러 아름을 찾아온 연수.

연수　지강희.. 혹시 여기 안 왔어?

아름　관심 좀 꺼. 너까지 안 보태도 강희 지금 괴로워.

연수　왜?

아름　일주일 내내 동네 사람들이 돌아가면서 구경 왔대.

연수　(알 만한)

#37. 동물병원

깜희와 찍은 강희 동영상을 반복해서 보는 연수.
강희의 하얀 손가락이 깜희의 이마를 부드럽게 긁어주면.
깜희가 눈을 게슴츠레 뜨고 꾹꾹이를 하는 동영상이다.

연수   (아쉬운) 얼굴 좀 나오게 찍지.

스치듯 찍힌 강희 얼굴 반복해서 보는데, 전화 울리는.

연수   (시큰둥) 왜? 나 바빠.
         (표정 바뀌며) 어디야?

#38. 국밥집

연수, 국밥집 문 열고 들어가면
벽에 기대 잠들어 있는 강희 보인다.
테이블 위에 잔뜩 쌓여있는 술병들.
강희 코끝에 매달린 선글라스가 금방이라도 떨어질 듯 대롱거린다.
강희 맞은편에 앉아 있던 한우와 승언, 들어오는 연수 반기고.
연수, 강희 옆자리에 앉는다.

승언   저녁 안 먹었지? 사장님, 여기 국밥 하나 추가요.
연수   강희가 부른 거야?
승언   아니. 국밥집 사장님이.
한우   지강희 혼자 4병 마시고 나가떨어졌대.
         오늘 추웠잖아. 공사장에서 꽁꽁 얼었다가 뜨뜻한 온돌에, 뜨끈한 국
         밥에, 소주에... 나라도 취하지.

승언   취한 게 아니라 졸린 거야, 강희.
         가뜩이나 예민한 애가 여기 내려와서 잠이나 제대로 잤겠냐.

         연수, 짠한 표정으로 강희 보다가.
         코끝에 걸쳐있는 선글라스 벗겨주려는데.
         강희, 연수 어깨에 기댄다.

연수   (숨 멈추는)
승언   동네에 별별 소문이 다 돌아서 속 좀 썩었나 보더라.
한우   백날 선글라스 쓰고 다니면 뭐 하냐고. 하나읍인데.

         연수 앞에 새 국밥 놓여지고.
         연수 숟가락 들려는데.
         연수 어깨에 기대있던 강희, 아예 쓰러지듯 연수 허벅지를 베고 누워
         버렸다.
         숟가락 든 채로 당황한 연수.
         강희 얼굴 방향 돌리려는데.
         뒤척이듯 자리 잡던 강희, 고개 돌려 아예 연수 아랫배 쪽으로 다가오고.
         연수, 야릇한 기분에 숨도 못 쉬고 얼굴 달아오른다.

한우   (보다가) 너 뭐냐?
연수   (당황) 뭐? 왜?
한우   일으켜!
연수   깰까 봐..
한우   깨워!

#39. 거리

연수, 강희 업고 걷는다.
강희 등에는 연수의 점퍼 덮여있고.
양옆에 호위하듯 걸어가는 한우, 승언.
각자 손엔 강희 신발과 가방을 들었다.

한우   강희 어디 묵는지 아는 사람.
연수   오늘은 그냥 집으로 가자.
승언   일어나면 강희 난리 피울 텐데.
연수   그럼, 버리고 가?
한우   그 남자 있잖아. 연락해. 명함 받았다며?
연수   …

#40. 모텔 캘리포니아 로비

로비에 앉아 있던 춘필.
모텔 캘리포니아 문 열리고.
취해서 업혀 들어오는 강희 보고 놀라서 일어난다.

#41. 모텔 캘리포니아 강희 방

춘필이 방문 열어주면.
강희 업고 들어오는 연수.
침대 위에 조심스레 강희 내려놓고 나가려는데.
강희가 연수 후드티를 꽉 움켜쥐고 뒤로 잡아당긴다.

강희   가지 마.

연수 당황해서 문 쪽 보면
목 빼고 보는 한우와 승언.
춘필이 그런 한우와 승언의 목덜미를 잡아당기며
쿵, 방문을 닫아버린다.

#42. 공사장

쉬고 있는 인부들.
서울에서 새 노동복 입고 돌아온 석경이 현장 돌아다니며 강희 찾는
데 안 보인다.

석경   책임자 어딨습니까?
반장   어? 금 실장하고 같이 서울 간 거 아니었어? 아까부터 안 보였는데.
인부   오늘따라 찾는 남자가 많네요.
석경   (신경 쓰이는데)
반장   금 실장. 혹시 알고 있었어? 책임자가 여기 사람이더라고.
         뭐 원한 산 게 있는 거 아닌가 싶어. 마스크에, 한밤중에도 시꺼먼 선
         글라스에... 별일은 없겠지?

불안해진 석경, 강희에게 다시 전화해 보지만 전화기 꺼져있다.

#43. 파출소

강희의 동창인 순경 민구와 대치 중인 석경.
초조한 석경과 달리 민구는 태평하다.

민구   단톡방 올리고 있잖아요.

석경	수색을 해야죠, 수색을.
민구	국밥집.
석경	네?
민구	국밥집에서 술 먹고 뻗어있는 거 봤다는데.
석경	그 국밥집이 어딥니까?
민구	아.. 깡패들이 와서 업어 갔다는데?!
석경	지금 뭐 하시는 겁니까? 술에 취한 여자를 깡패들이 와서 납치해 갔다는데 태평하게 카톡이나 할 땝니까?!!
민구	(춘필에게 전화 걸어) 아저씨! 강희 글루 갔죠? (석경에게) 모텔 잘 들어갔답니다. 됐죠?
석경	(어이없는)

#44. 모텔 캘리포니아 강희 방

연수, 강희에게 옷자락 잡힌 채 우두커니 앉아 빈 벽 바라보다가.
조심스레 고개 돌려 강희 보면.

-인서트. 과거. (1부 9#)

열아홉의 연수, 긴장해서 떨고 있는 여린 강희 어깨 끌어안고.
소름 돋은 팔 조심스레 쓰다듬는다.

옛 기억이 떠오른 연수, 회한과 아쉬움과 미련으로.. 어루만지듯 강희
얼굴 보다가. 깊은 한숨 내쉬는데.
번쩍, 눈뜨는 강희.
연수, 강희와 눈 마주친 채 놀라서 얼음.

| 강희 | 곰탱이다!! 곰탱이시키! (연수 뺨 양손으로 마구 잡아당기는) |

연수	아야!! (강희 손 떼어내려는)
강희	나랑 한 약속, 하나도 안 지키고!! 살은 왜 뺐어!!
연수	살찔게.
강희	안경은 얻다 팔아먹고.
연수	안경 낄게.
강희	치! 필요 없어. 딴 여자나 만나는 주제에!
연수	그러는 넌.. (하는데)

붙잡았던 연수 옷자락 놔버리는 강희. 잠들었다. 금세 코까지 곤다.
연수, 아쉬움 가득한 눈으로 강희 보다가.. 방 밖으로 나간다.

#45. 강희 방 앞

연수 방문 열고 나오면,
아무도 없는데 아래층 소란하다.

#46. 모텔 캘리포니아 로비

로비의 춘필, 미스터 권, 한우, 승언.
마주 선 석경, 흥분한 상태다.

석경	지강희 씨 당장 내놓으세요.
한우	우리가 납치를 한 게 아니라니까요.
석경	그럼 여기 왜 데리고 왔습니까? 깡패라는 남자들이. 술 취한 여자 한 명을?

한우, 승언 답답하지만 여기가 강희 집이라고 차마 말 못하고.

춘필 아저씨에게 토스하고자 바라보면.
강희 후환 두려운 건 춘필도 마찬가지. 어깨 으쓱이고.

석경   (춘필에게) 지강희 씨 당장 안 데려오면 클라이언트고 뭐고 공사 접겠
       습니다.

지켜보던 연수, 나서는.

연수   강희 집입니다, 여기.
석경   무슨 그런 말도 안 되는 소릴.. (하다가 번뜩)

- 인서트.(3부 #21)

강희   집이 모텔이었다구요.
       모텔에서 태어나 모텔에서 컸어요, 쭉.

석경   (설마? 춘필 보는데)
연수   아저씨가 강희 아버지세요.
춘필   지춘필. 지강희.
석경   이게 무슨..!! 그럼 지금까지... (하는데)
연수   상황 파악했으면 이제 그만 돌아가시죠.
석경   (상황 이해했지만. 그래도 물러서지 않고) 아니오! 강희 씨한테 직접
       듣기 전까지는 못 믿겠습니다. 아니 안 믿겠습니다.
       지강희 씨 지금 어디 있습니까.
연수   이제 막 잠들었는데 깨우시게요? 그동안 대체 잠이나 제대로 재운 겁
       니까?

#47. 거리 (꿈)

누군가의 등에 업힌 강희.
눈 쌓인 밤길을 걷는다.
포근한 등의 온기 느끼고 있으면 어느새 눈 쌓였던 거리, 꽃길로 바뀌고.
안락함 느끼며 등에 얼굴 부비던 강희.
뭔가 이상한 느낌에...

#48. 강희 방

눈 번쩍 뜨는 강희.
어둠 속에서 잠시 사태 파악해보는데.

-인서트.

강희, 술 취해 연수 뺨 잡아당기는.

강희　　(이불 박차고 벌떡 일어나는) 아, 미친!!

강희, 상황 살피려 불 켜보면.
모텔 캘리포니아의 지강희 방이다.
고등학생 지강희가 당장 돌아와도 이상하지 않을 만큼 그대로인 책상.
누가 매일 살고 있기라도 한 것처럼 먼지 하나 없이 깨끗한 방바닥.
책상 위에 꽂아놓은 새빨간 장미를 보고 헛웃음 나오는 강희.
혹시나 해서 옷장 문 열어보는데.
옷장도 10년 전 그대로다. 교복까지.
남들 눈에 띄기 전에 재빨리 이곳을 떠나려 짐 챙겨 방문 열어젖히는데.
안 열린다.

강희　　뭐야.

다시 한번. 세게 밀어 봐도 무거운 방문.

강희   나, 갇힌 거야? (있는 힘껏 미는)

#49. 방 앞 복도

강희 방문 앞에 기대 잠든 석경.
안에서 강희가 미는 힘에 고꾸라진다.
방문 밀고 나온 강희, 석경 발견하고.

강희   (놀라서) 금 실장님!!
석경   (얼른 일어나며) 지강희 씨! 괜찮아요? 무사한 거 맞죠?
강희   실장님이 왜 여깄어요?

소란스러워지자 방문 열리며.
도미노처럼 차례로 나타나는 춘필, 연수, 한우, 승언.

석경   경찰서에선 천하태평이지.. 이분은 아버지라 그러지.. 저 깡패들은 다
          여기 산다 그러지..
강희   너네 다 여기 산다고?!

연수와 한우, 뒷머리 긁적이는데.
미스터 권까지 올라왔다.

미스터권 강희야. 아침 먹어야지. 방으로 갖다줄까?
강희   (포기) 됐어요. 제가 내려갈게요.

#50. 모텔 캘리포니아 식당

한쪽으로 드럼, 기타, 키보드 등 악기 세팅되어 있고.
4인용 테이블 네 개 놓인 식당.
세 개의 테이블엔 모텔 공사팀이 식사 중이고.
나머지 한 테이블에 연수, 승언, 한우가 앉았다.

반장   어? 두 사람 여기서 잤어요?
강희/석경 …
반장   진작 오라니까.

강희와 석경, 인부들과 같은 테이블에 앉으면.
미스터 권이 북엇국 두 그릇 들고 와 테이블에 올려준다.

미스터권 맛있게 드십시오.
반장   북엇국이 끝내주네, 먹어봐요.

이때 뒤쪽에서 들리는 연수 통화 소리.
강희, 물 마시는 척 슬쩍 눈 돌려 연수 보면.

연수   (심각한) 아, 그래요? 주소 보내주세요. 지금 바로 갑니다.

연수, 급하게 의자 밀치며 뛰어나간다.
조식 먹던 사람들, 나가는 연수 쳐다보고.

반장   아이고. 수의사 선생 저러다 쓰러지겠다. 아침 먹다 말고 뛰어나간 게
            벌써 몇 번째야?
인부   그래도 돈은 많이 벌잖아요.
반장   돈 벌려면 서울 가서 동물병원 하는 게 낫지. 이런 시골에서 가축 수

의사 하는 건 사명감 없으면 못 해.

인부   에이, 뭘 모르시네. 일이 빡세서 그렇지 돈을 얼마나 잘 버는데요. 누
        군진 몰라도 와이프 될 사람은 좋겠다.

반장   저 집은 누가 더 좋고 말고도 없어. 와이프 될 사람도 수의사잖아. 저
        번에 식당 갔다가 봤는데, 둘이 잘 어울려.

강희, 북엇국 계속 휘젓지만. 정작 입에는 못 넣고 듣는.
인부들은 식사 끝내고 먼저 일어난다.

반장   천천히들 먹고 와요.

석경   저도 먼저 갑니다.

인부들과 석경 같이 나가면. 혼자 남은 강희.
일어나 한우와 승언 테이블로 간다.

강희   (찌릿) 어제 나 데려온 사람 누구야?

한우   (시선 피하고)

승언   (태평하게 이어폰 끼고 있는)

강희, 승언의 이어폰 한쪽 빼서 들어보는데.
음악이 아닌 단조로운 기계음이다.

강희   뭐냐, 이거?

승언   오디오북.

강희   안 본 사이 지성인 다 됐네. (승언 어깨 툭툭 쳐주고)
        류한우. 넌 대체 왜 여기 살고 있는 건데?

한우   어, 소 키운다고 집에서 쫓겨났다.

강희   증권맨 아니었어?

한우   서울살이 지긋지긋해서. 넌 안 그러냐?

강희에게 다가오는 미스터 권.

미스터권 국 더 줄까?

강희 아저씬 어떻게 된 거예요. 언제 이렇게 요리가 늘었어?

승언 해미리마트 아줌마. 마트 접고 여기로 오셨어.

#51. 공사장 현장

반장과 함께 공사장 현장 체크하는 강희.

강희 생각보다 배관 공사가 길어지네요.

반장 공기 맞출 테니까 걱정 마서.

#52. 옥상

옥상에 혼자 있는 강희.
오늘도 우두커니 동물병원 보고 있는데.
석경이 다가온다.

석경 천연수 씨도 없는데. 뭘 그렇게 보고 있는 걸까?

강희 뷰 보는 거예요, 뷰! 경치 진짜 좋네, 여기.

석경 강희 씨가 안 오겠다고 한 이유는 알겠는데, 갑자기 왜 오겠다고 맘을
바꿨을까.. 밤새 고민했거든요. 근데 오늘 아침에 답을 찾았습니다.

강희 ??

석경 천연수 씨랑 결혼할 사람. 그 사람 궁금해서죠?

강희 선 넘지 마세요. 뭘 안다고..

석경 에이, 잘 알지. 나도 그랬으니까..

강희   ??

석경   에스더가 프러포즈 받았다고 했을 때. 궁금해서 미치는 줄 알았거든요.
       결국 빅터 찾아가서 같이 사업하자고 제안했잖아요. 괜찮은 놈인지 아
       닌지. 직접 확인하고 싶어서.

강희   ..부럽다. 수의사한테 모텔 공사를 같이하잘 수도 없고.. 난 찾아갈 핑
       계도 없어요.

석경   맡긴 강아지 보러 갈 건데. 같이 갈래요?

#53. 동물병원

       강희와 석경, 입원 케이지 안에 잠든 강아지 보는데.
       밖에 차 소리 들린다.

난우   어? 원장님이다!!

       표정 환해지는 난우. 그런 난우 보는 강희.

#54. 동물병원 주차장

       난우, 달려가 맞이하는데.
       차에서 내리는 연수. 진흙이 묻은 장화에 피와 분비물로 더러워진 작
       업복에.. 엉망이다.

난우   원장님. 얼른 벗으세요. (크록스 슬리퍼 놓아주는)

연수   (익숙한 듯 갈아신으면)

난우   씨저리 안 하셨어요? 스크럽복도 핏물이 다 뺐네.

강희, 병원 입구에서 그런 두 사람 지켜보고 있는데.
연수는 강희 못 본.
강희, 돌아서 들어가 버린다.

연수　　(차에서 수술 도구 든 가방 꺼내면)
난우　　주세요. 제가 정리할게요. 원장님은 빨리 들어가서 씻으세요.

#55. 동물병원

연수, 병원으로 들어서다가.
강희 발견하고 놀라서.

연수　　강희야... (강희 옆의 석경에게도 묵례)
석경　　강아지 보러 같이 왔어요. 많이 좋아졌던데요. 고맙습니다.
연수　　인사는 저 말고 윤 선생한테 하세요. 윤 선생이 워낙 정성껏 돌봐서 회
　　　　　복이 빨랐으니까.
강희　　(치!! 아니꼽게 보는데)

난우, 깜희 안고 들어온다.

난우　　깜희야. 아빠 고생하고 오셨는데. (깜희 내려놓으며) 깜희가 스윽 한
　　　　　번 해드려.

깜희, 연수 다리에 제 몸을 스윽 부비며 나아아, 하고 예쁘게 우는.

석경　　깜희? 쟤 이름이 깜희래요. 강희 씨. (강희 보며 재밌다는 듯 웃지만)
강희　　(웃음 안 나오는) 가 볼게.

강희, 나가 버린다. 얼른 뒤따라 나가는 석경.
그런 두 사람 보는 연수.

#56. 거리

공사장을 향해 걸어가는 강희와 석경.

석경   두 사람 잘 어울리는데요. 특히 윤 선생이 엄청 잘하네.. 연수 씨한테.
　　　이제 마음이 놓이죠?
강희   (멈춰 선다) 실장님. 연애 안 해 보셨죠?
석경   (당황하며) 무슨!! 내가 인기가 얼마나 많았는데. 아니, 많은데!
강희   진심으로 누구.. 좋아해본 적 없죠?
석경   …

석경, 말문 막힌 사이 가버리는 강희.

#57. 공사장 옥상

강희, 업무 진행표에 기록하다가. 저도 모르게 시선 동물병원으로.
강희, 깨닫고. 의식적으로 딴 데 보는데.
저 멀리 아이스크림 간판이 보인다.

#58. 아이스크림 가게

강희, 아이스크림 가게 문을 밀고 들어서는데.
아이스크림 유리장 앞에 서 있는 두 사람, 연수와 난우다.

강희, 충격받은 얼굴로 멈춰 선.
멍하니 연수와 난우 보는데.. 웃으며 고개 돌리는 연수와 눈이 마주쳤다.
순간, 돌아서 나와버리는 강희.

#59. 운동장

아무도 없는 텅 빈 운동장.
노을이 내려앉는 운동장 벤치에 앉아 있는 강희.

강희   (고개 숙인 채) 나쁜 놈. 나쁜 놈. 나쁜 놈.

하는데.

연수E   누가 그렇게 나쁜데?

강희, 깜짝 놀라서 올려다보면. 연수다.
강희, 얼빠진 얼굴로 연수 올려다보는데..
양쪽 눈에서 커다란 눈물방울이 굴러떨어진다.

연수   (처음 보는 강희 눈물에 놀라서) 왜 울어 지강희?
강희   변하더니.. 변했어.
연수   !!

눈물 맺힌 눈으로 올려다보는 강희와
그런 강희를 놀라서 보는 연수. 두 사람에서.

4부 끝.

5부

#1. 모텔 앞 (과거)/ 낮

18살의 강희, 하교하는데
모텔 앞에 구경꾼들이 웅성웅성.
남편 찾으러 온 여자와 내연녀 머리채 잡고 싸우는 중인데.
바람난 남자는 여자 둘 다한테 수시로 얻어터지고.
춘필, 그 사이에 껴서 진정시켜 보려 애쓰고 있는.
사이렌 소리와 함께 경찰차 출동하고.
강희, 표정 싸해져서 휙 돌아선다.

#2. 하나읍 거리 (과거)/ 낮

화난 얼굴로 걸어가는 강희, 연수와 마주친다.

연수   (반갑게) 지강희!

강희   (대답 없이 지나치면)

연수   (쫓아와 나란히 걸으며) 아이스크림 먹으러 갈래?

| 강희 | 싫어. |
| 연수 | 중앙시에 베스트아이스(BT ICE) 생겼대. 가자. 내가 살게. |

#3. 버스 (과거)/ 낮

버스 뒷자리에 나란히 앉은 강희와 연수.

강희	어떻게 알았어?
연수	뭘?
강희	모텔에 경찰 온 거.
연수	몰랐는데?
강희	툭하면 불륜, 툭하면 치정싸움... 잊을 만하면 지명수배자에, 잊을 만하면 자살기도... (절레절레)
연수	음... (퀴즈 맞추듯) 이번엔 불륜?
강희	대체 어떻게 아는 거야? 어떻게 귀신같이 알고 그럴 때마다 아이스크림 먹자 그러냐고, 너는?
연수	그냥 아는 거지. 난 항상 너만 보니까.
강희	(당황) 야!
	(연수 고개 밀어서 앞쪽 보게) 쳐다보지 마.
	(연수 어깨 기대며) 보기만 해. 움직이면 죽는다.

강희, 연수 어깨에 기댄 채 눈 감는데.
살벌한 목소리와 달리 표정 풀리며 얼굴에 미소.
연수, 강희 지시대로 반듯하게 앉은 채 앞만 보는데. 장난기 넘치는 미소.

| 연수E | 눈으로만 보나. |
| | 니가 돌아서면 등으로 보고.. |

니가 기대면 어깨로 보고..

혼들리는 버스 덜컹거림에 강희와 연수의 손, 닿을 듯 말 듯.

연수E   손이 닿으면 손으로도 보는데.

#4. 아이스크림 가게 (과거)/ 낮

유리 진열장 앞에 서서 아이스크림 고르는 강희와 연수.

강희   더블 먹어도 돼?
연수   따따블로 먹어도 돼.
강희   난 슈팅스타.
연수   난 민트초콜릿칩.

강희와 연수, 아이스크림 먹으며.

강희   다른 사람이랑 아이스크림 먹지 마.
연수   (난감) 친구들이랑 축구 끝나면 맨날 먹는데.
강희   그런 거 말고! 베스트아이스는 나랑만 먹어야 된다고.
연수   그림 니도 나랑만 먹어.
강희   너부터 약속해.
연수   또 나만 시킬 거면서.
강희   빨리!! (새끼손가락 끌어다 거는) 분명히 약속했다!!

#5. 아이스크림 가게/ 낮

강희, 들어오는데
연수, 진열대 앞에서 난우와 아이스크림 고르며 웃고 있다.
미소 띤 얼굴로 돌아보다 강희와 눈 마주친.
강희, 돌아서 나온다.

#6. 아이스크림 가게 앞/ 낮

강희, 충격받았다.

강희E   이런 거구나. 우리가 헤어졌다는 게...
    (믿기지 않는 얼굴로 아이스크림 가게 돌아보며)
    천연수가 다른 여자랑 아이스크림을 먹을 수도 있다는 거.
    그리고 내가... 그걸 따질 수 없다는 거...

멍한 표정으로 발걸음 옮기는 강희.

#7. 운동장/ 낮

벤치에 앉은 강희, 고개 숙인 채.. 옛 기억 떠올리는.

-인서트. 아이스크림 가게 (과거. #4 연결) /낮

18살의 연수, 강희와 새끼손가락 걸고 복사하고 사인까지 한다.

연수   지강희가 없는데 아이스크림을 왜 먹어?
    나는 지강희 너랑만 먹을 거야.

강희   나쁜 놈 나쁜 놈 나쁜 놈.

        하는데 연수 목소리 들리는.

연수E   누가 그렇게 나쁜데?

        강희, 고개 들어 보는데
        노을을 등지고 서서 오렌지빛으로 빛나는 연수, 오늘따라 완전완전
        멋지다.
        연수를 올려다보는 강희의 시선이
        연수의 눈에서 입술, 가슴, 팔뚝으로 천천히 내려오며.

강희E   저 눈으로 딴 여자를 보겠지.
        저 목소리로 딴 여자를 부르겠지.
        저 가슴 속에 딴 여자를 담겠지.

        저도 모르게 강희 눈에 눈물이 차오르면.

연수   (너무 놀라) 지강희 왜 울어?
강희   변하더니.. 변했어.

        하는데 강희 눈물이 제 손등에 툭.
        제 눈물에 강희도 진심 놀랐다.

연수   지강희! (하며 다가오는데)

        벌떡 일어나는 강희.
        연수를 지나쳐 황급히 걸어간다.

강희	따라오지 마!!

#8. 담장 앞/ 밤

어느새 어둠이 깔리기 시작한 거리.
강희, 담장 그늘에 쪼그리고 앉았다.
눈물 떨어진 손등 보다가.. 눈가 눈물 만져보다가.

강희	(스스로도 안 믿기는) 울었다고? 내가?
	아니야. 안 울었어. 못 봤어 아무도. (해보지만)
연수E	지강희. 왜 울어?
강희	(또다시 그렁그렁) 봤으면서. 내가 우는 거 다 봤으면서..
	따라오지 말란다고 진짜 안 오는 거야? 곰탱이. (하는데 눈물 와르르)

#9. 담장길/ 밤

한번 터진 눈물 멈추지 않고.
울면서 담장 따라 걸어가는 강희, 스스로에게 원망 쏟아부으며 걷는.

강희	첫사랑 디 엔드.
	잘난 척하더니 꼴좋다. 지강희. 니가 끝내자고 해놓고 니가 왜 우는데?!

	걸어가던 강희, 누군가 뒤따라오는 기척에 멈춰 서면.
	따라오는 발걸음도 멈추는.
	강희, 다시 걸으며 속도 높이면. 뒤따라오는 발걸음도 빨라진다.

강희	(연수구나!) 따라오지 말랬지?! 가!! (휙 돌아서는데)

연수가 아닌, 석경이다.

강희, 울어서 엉망인 얼굴로 석경과 눈 마주친. 당혹감으로 보는데.

석경, 아무 말 없이 다가오더니.

쓰고 있던 선글라스 벗어서 강희한테 무심하게 쓱 씌워 준다.

강희	!!
석경	(귓속말로 속닥속닥)
강희	뭐라구요?
석경	비싼 거라구요. 한정판. 꼭 돌려줘요! ...라고 할랬더니 잘 어울리네. (강희 이리저리 보며) 이거 나보다 잘 어울리기 쉽지 않은데. (선심 쓴다) 에이, 할 수 없다. 강희 씨 가져요.
강희	...

#10. 연수 방/ 밤

연수, 깜희 쓰다듬으며 씁쓸하게.

연수	강희는 나만 달래줄 수 있었거든. 근데 이제 아니더라..

-인서트. 담장길/ 밤

강희를 찾아 달려가던 연수. 멈춰 선다.

연수의 시선으로

석경, 강희에게 선글라스 씌워주더니 귓속말.

다정하게 대화 나누는 두 사람의 모습.

석경과 나란히 걸어가는 강희.

연수   (깜희와 눈 맞추며) 깜희야.. 강희 왜 울었을까?

깜희   (야옹)

연수   물어봤냐고?

깜희   (야옹)

연수   변하더니.. 변했대.

깜희   (야옹)

연수   너도 궁금하지? (답답한) 대체 뭐가 변한 걸까?

#11. 벤치/ 밤

강희, 선글라스 낀 채 앉아 있고. 석경도 나란히 옆에 앉은.
둘 다 한동안 말이 없다가. 강희가 침묵 깨고.

강희   왜 아무것도 안 물어요?

석경   물어봐도 됩니까?

강희   (끄덕) 대답해준다는 보장은 없지만..

석경   아니오. 나는 꼭 대답을 들어야겠어요. 나한테는 너무 중요한 문제라.

강희   ...뭔데요?

석경   오늘부터 우리..

강희   (긴장하며 보면)

석경   숙소 안 구해도 되죠? 모텔 캘리포니아 묵는 거죠?

강희   그거였어요? 물어볼 게?

석경   왜요?
         내가 설마 강희 씨 왜 울었냐.
         모텔 캘리포니아가 집인 거 왜 말 안 했냐,
         멀쩡히 살아계신 아버지를 왜 돌아가셨다고 했냐,
         왜 춘필 씨라고 부르냐.
         뭐 그런 거 물어볼 줄 알았어요?

강희   …

석경   그런 건 다 강희 씨가 말해주기 싫은 것들일 텐데 뭐 하러 물어요.

강희   (감동 받으려는데)

석경   내가 알아내면 되지.

강희   (보다가) 알아내는 만큼.. 나하고는 멀어지는 거죠.

        나는. 내 과거 아는 남자가 제일 싫으니까. (일어나 가는)

석경   아!! (그건 생각 못 했네. 깨달음의 표정)

석경, 이내 후다닥 강희 따라간다.

#12. 모텔 앞/ 밤

강희와 석경, 모텔 골목으로 들어섰는데

사람들 웅성웅성 모여 있는.

라라와 용수부, 한우부 등 어른들과

헌열, 용수, 민구, 진아, 인숙 등 동창들 포함, 호기심 많은 마을 사람

들이다.

강희와 석경을 발견한 마을 사람들.

마치 기자회견 하듯 강희와 석경 둘러싸며 경쟁적으로 한마디씩 날린다.

"지강희! 너는 온 지가 언젠데. 이제야 얼굴 본다."

"아직도 선글라스 끼고 다니냐? 그래봤자 지강희 넌 거 다 알아!"

"인테리어 업계 1위라더니 시골 모텔 공사도 하는 거야?"

"니가 명함 준 거. 그거 뻥이더라."

"남친 소개 좀 해."

"진짜 호텔 상속자야? 진짜루 엘리트리호텔?"

"그것도 뻥 아냐? 김헌열이 니네 모텔에서 봤다던데."

쏟아지는 사람들의 무례한 질문과 접근에.
석경, 마치 보디가드처럼 강희를 철통방어한다.

석경   (긴 팔로 강희를 향해 다가오는 사람들 제지하며) 강희 씨! 내 뒤로.
       (사람들에게) 지강희 씨는 오늘 과중한 업무로 피곤해서 쉬어야 되니
       까 다음에. 다음에 다시 오시죠.

       작업복 차림에 명품 선글라스를 낀 채 익숙하게 사람들 휙휙 피하는
       강희는 또 마치 스타 여배우 포스다.

용수부   살다 살다 공사장 노가다 에스코트하는 서울 남자를 다 보네.
라라   노가다 아니라잖아. 책임자!

       그 와중에 석경, 사람들 뚫고 강희를 모텔 문 앞까지 데려가는데 성공
       했다.

석경   강희 씨. 빨리 모텔 안으로!! (강희 밀어 넣고)
       (사람들 막아서서) 질문은 한 번에 하나씩 주고받겠습니다.
       (어느새 주도권 차지) 자, 나부터.
       깡패가 뭐죠? 강희 씨 친구들을 왜 깡패라고 부르죠?

#13. 모텔 로비/ 밤

       소란한 바깥과 달리. 차분하고 조용한 모텔 로비.
       하얀색 타이포로 "지"라고 크게 적힌 블랙 스웻티셔츠를 입은 춘필이
       미소로 강희 맞이한다.

춘필   딸! 어서 와. 다들 기다려.

강희   나를? 누가? (춘필 옷 보더니) 옷은 그게 뭐야?

#14. 모텔 옥상/ 밤

캠핑 감성으로 꾸며진 옥상.
바비큐 파티 준비해놓고.
고깔모자 쓰고. 춘필과 같은 단체티 입고 있는 연수, 한우, 승언, 아름.
티셔츠에 차례로 웰.컴.강.희. 라고 쓰여있다.
연수부터 차례로 서서 "웰컴강희" 대열 유지한 채 강희 기다리는.

아름   강희가 좋아할까?
승언   그래도 환영식은 해야지.
한우   그 남자도 같이 불러야 되는 거 아냐?
연수   …

#15. 모텔 로비/ 밤

강희   (수상쩍게 보며) 뭔데?
춘필   가 보면 알아.

강희와 춘필이 계단을 올라가는데.
때마침 모텔 안으로 들어오는 석경, 두 사람 발견하고.

석경   같이 가요. 강희 씨!!

석경, 강희 따라가려 하는데. 그 앞을 막아서는 미스터 권.
석경, 시야가 완전 가로막혔다.

석경   성함이?

미스터권   권입니다.

석경   성 말고 풀 네임.

미스터권   미스터 권입니다.

석경   미스터 권 지배인님. 제 룸도 저 위층으로 부탁합니다.

미스터권   (안 된다고) 가족층입니다.

석경   잘 모르시나 본데, 저도 가족이나 마찬가집니다.

         강희 씨하고 나.. 한솥밥 먹는 식구라구요, 식구!

미스터권   (고갯짓으로 석경 너머 가리키는) 저기 식구분들.

석경, 돌아보면. 1층 방에서 나온 반장과 인부들 석경 향해 손 흔드는.

반장   (다가와 넉살 좋게) 한솥밥 먹는 식구 사이에 오늘 밥 좀 사요.

석경   (어쩔 수 없이 끌려가는)

#16. 모텔 옥상/ 밤

춘필, 위치로.
한우와 승언 사이에 앉아. "웰.컴.지.강.희"를 완성했다.
둘러앉아 바비큐 굽고. 맥주 마시며 환영회 하는.
강희, 다 같이 잔 쨍 부딪히고. 감회에 젖어 모두를 둘러보는데.
어린 연수, 어린 한우, 어린 승언, 어린 아름의 모습. 겹쳐 보이는.
강희, 어린 연수에게 길게 시선 주는 데서.

#17. 교실 (9살 과거)/ 낮

단체로 웃음 터진 교실. 아이들 책상까지 치며 웃어대고.

기분 좋은 헌열, 우쭐해서 자기 자리로 걸어가는데.
갑자기 철퍼덕 자빠진다.
의자에 앉은 강희가 지나가는 헌열의 발을 걸었다.

헌열   야!! (인상 쓰며 일어나려는데)

강희, 엎어진 헌열 등짝에 뭔가를 철썩 붙인다.
헌열, 뜯어내려 하지만 안 뜯어지고.
결국 점퍼 벗어 등짝 보는데. 스케치북에 커다랗게 적힌
『나는 개새끼다. 멍멍!!』
개똥까지 그려진 굴욕적인 낙서다.
헌열, 격분하는데.
강희, 무시하고. 헌열의 점퍼 낚아채 교실 앞으로 나가는.
교실 앞. 칠판 닦고 있는 연수 등짝에 커다랗게
『나는 돼지새끼다. 꿀꿀』적힌 종이가 붙어 있다.
연수 등에 붙은 종이 확 뜯어내는 강희,
헌열 점퍼 펼쳐 보이며. 반 전체에 경고한다.

강희   천연수 괴롭히면 그게 누구든, 내가 똑같이 갚아 줄 거야.

#18. 운동장 (9살 과거)/ 낮

헉헉대며 강희를 따라 달리기하는 연수.
숨이 턱에 닿을 듯하다. 멈춰 서며.

연수   내가 이걸 왜 해야 되는데??!
강희   세상에 공짜가 어딨어? 내가 너 구해줬잖아.
연수   (숨찬) 몰라. 못해못해. (손사래 치는데)

강희   류한우! 차승언!

지켜보던 한우와 승언, 강희 눈짓에.
연수 앞과 뒤에 각각 서더니. 어깨에 팔 척척 올리는.
앞에서 끌고 뒤에서 밀며. 기차놀이 하듯 연수를 가운데 세워 운동장
달린다.
연수, 죽을 맛이다.

(시간 경과)
달리기에 이어지는 뜀틀 훈련이다.
뜀틀 시범 보이는. 강희, 가뿐히 뛰어넘고.
이어서 한우도 뛰어넘고,
승언까지 뛰어넘으면.
차례가 된 연수, 도저히 자신 없다.

강희,한우,승언   (동시에) 천연수!천연수!천연수!!

친구들의 연호에 어쩔 수 없이 시도하지만.
달려가다가 뜀틀 앞에서 우뚝 서버리는 연수.

강희   (매섭게) 다시!!
할 때까지 오늘 집에 못 가!

봐줄 기색 전혀 없는 강희 태도에 연수, 어쩔 수 없이 죽을힘을 다해
도전한다.
펄쩍 뛰어올랐지만 뛰어넘지 못하고 뜀틀 위에 무겁게 쿵!! 엉덩방아
찧는데.

강희,한우,승언   (동시에) 오~!!! (박수까지 치는)

연수   (뜀틀에 걸터앉은 채 어리둥절 보면)
강희   잘했어!! 바로 그거야!!

        강희, 한우, 승언 달려와 연수 어깨 마구 두드려주며 칭찬하는.
        얼떨떨한 연수.

#19. 운동장 (9살 과거)/ 낮

        네 명 손 겹쳐지며. 화이팅!
        말뚝박기 벌어졌다. 구경하는 아이들, 가득하다.
        강희 편이 공격이다.
        헌열과 아이들, 말이 되어 쭉 엎드려 있고.
        강희 나비처럼 날아올라. 나무에 기대 서 있는 헌열 바로 앞까지 휙
        자리 잡는.
        강희와 헌열의 눈싸움, 기싸움 속에
        승언과 한우도 차례로 자리 잡으면
        마지막으로 연수다.
        뜀틀 연습했던 노하우로 날아올라 쿵!! 무겁게 내려앉는 순간
        와르르 무너지는 말들.
        강희팀, 승리한다.
        우와!!! 환호하며. 끌어안고 팔짝팔짝 뛰어대는 깡희 패밀리.
        승리의 전사들, 우르르 몰려나간다.

#20. 교문 앞 (9살 과거)/ 낮

        하교하는 아이들 틈에 연수도 있다.
        헌열, 연수를 막아서며 시비다.

헌열	천연수! 줄 잘 서라. 너도 깡패냐?
연수	(뭔 소리야?) 아닌데?
헌열	아니긴 뭐가 아니야? 깡희 패거리. 깡패 맞잖아.
강희	(헌열과 연수 사이 끼어들며. 험악) 패거리가 아니라 패! 밀! 리.
	(연수에게. 다정 말투) 우리 단팥빵 먹으러 갈 건데. 너도 갈래?
연수	(먹는 거에 눈이 번쩍) 응!!

강희를 필두로 비틀즈 애비로드 사진처럼.
당당하게 줄지어 횡단보도 건너는 깡.패.들.

#21. 장터 (9살 과거)/ 낮

단팥도너츠 튀김 하나씩 받아드는 강희, 연수, 한우, 승언.
다들 뜨거워서 후후 불고 있는데
연수, 못 참고 한입 크게 물었다가. 뜨거워서 그대로 떨어트린다. 앗!
땅에 떨어져 흙바닥에 나뒹구는 도넛.
아까운 나머지 눈물 뚝 떨어지는 연수, 친구들 보면.
한우와 승언, 자기 손에 든 팥도너츠 사수하며 연수 시선 피하는데.

| 강희 | 다들 모여! |

강희, 자기 도너츠 네 조각으로 잘라서 하나를 울고 있는 연수 입에 넣어준다.
한우와 승언 입에도 하나씩 물려주고. 자기도 먹는다. 모두 만족스럽다.

| 강희 | 승언이 차례. |

강희가 했던 것처럼 승언도 나눠 먹는.

강희   이번엔 한우.

한우도 도너츠를 네 조각으로 잘라 하나씩 나눠 준다.
도너츠를 세 번이나 먹은 연수 얼굴에 행복한 웃음 퍼진다.

강희   (연수 보며) 그렇게 맛있어?
연수   (크게 끄덕이며) 응!! (감격. 결심한) 나도 할래. 깡패.
강희   좋아. 넘버3.
연수   넘버3?
승언   내가 넘버1이야.
한우   넘버2는 나고.
강희   천연수. 넘버3가 제일 좋은 거야.
          봐봐.
          (손가락 접어가며) 넘버 원. 세 글자.
          (다시 손가락 접으며) 넘버 투. 세 글자.
          (다시 손가락 접으며 또박또박) 넘버 쓰리. 너만 네 글자라고. 특별히.
연수   (긴가민가 갸웃하며. 강희 따라 손가락 접어보는) 넘버 쓰리.

그런 연수 보며 웃음 참는 어린 강희에서
다음 씬의 어른 강희로 연결.

#22. 모텔 옥상/ 밤

강희, 연수와 한우, 승언 등 둘러보며.

강희   많이 컸다. 니들.. 예전엔 내가 다 보호해줬던 애들인데.
한우   (궁시렁) 언제 적 얘기를.
강희   니가 젤로 날 받들어 모셨거든. 대장! 대장! 하면서.

한우	몰라몰라. 기억 안 나.
춘필	(뿌듯하게 보며) 다들 잘 컸지.
	우리 승언이... 성실하게 일 잘하고 돈도 잘 벌고.
	(강희에게 속닥) 쟤가 나.. 용돈도 많이 줘.
승언	(쑥스러운 듯 콜라 마시는)
춘필	한우 이 녀석은.. 방목장에 소 풀면서 울더라.
	(한우에게) 하고 싶은 일 하고 사니까 좋지?
한우	내 이름이 한우인 이유를 깨달은 거죠.

사람들 대화에 안 끼고 한 켠 바비큐 그릴 앞에 서서 열심히 고기만 굽는 연수.
잘 구워진 고기를 강희 앞으로 챙겨 놓는데.

강희	연수 너는?
연수	(예상치 못한 강희 질문에 당황) 어?
강희	잘 지내? 병원은 잘되고?
연수	어.. 그냥 뭐. 자리 잡는 중인데 일은 재밌어. 할아버지 병원 물려받은 거니까.. 보람도 있고.
아름	하나읍 최고의 짐승남이라고 할 수 있지. 천연수가 책임지고 있는 짐승들이 몇 마리야 대체?
한우	짐승이 아니라 동물. 가축이라고도 하지.
춘필	연수는 운이 좋았지. 공방수도 여기서 하고.
연수	(미소) 그죠. 기왕이면 고향에서 일하는 게 맘도 편하고 좋으니까.
강희	(그 말에 표정 싸해지며) 다들... 여기 하나읍 사는 게.. 행복하구나.
연수	(아차 싶어 강희 보는데)
강희	(쌀쌀맞게 시선 돌리는. 아름에게) 아름이 넌? 요새도 시 써?
아름	(부끄러운 듯) 야.
승언	뭐 어때? 우리 다 아는데?
한우	맞아. 우리 말뚝박기 할 때도 넌 옆에서 시 썼잖아.

승언	강희 너는? 넌 어떻게 지냈는데?
강희	나? 나야 뭐... 보다시피.
	인테리어 디자이너가 됐고. 어쩌다 보니 여기까지 와서 모텔 공사도
	하고. 너네들한테 환영도 받고.
춘필	(피식 웃는) 너 오던 날 생각난다.

-인서트. 모텔 캘리포니아 로비 (4부 #9)

로비로 들어오는 강희와 석경.
로비 입구에 있던 미스터 권, 강희 보고 휘둥그레 눈 커지는.
강희, 못 본 척 뻔뻔하게 미스터 권을 지나쳐 춘필에게로 직
진한다.
춘필 역시 놀라서 강희 보는데.

| 강희 | (시침 뚝) 처음 뵙겠습니다. |
| | 인테리어를 맡게 된 디자이넙니다. (꾸벅 인사하는) |

춘필	선글라스 끼고 들어오더니 다짜고짜 (강희 흉내) 처음 뵙겠습니다.
	(못 참고 웃음 터진)
일동	(휘둥그레) 진짜요? (강희 향해) 너 진짜 그랬어?
강희	(춘필에게 찌릿) 하지 마요.
춘필	(웃음 침으며) 미안 미안. 나 먼저 일어날게. 니들은 더 놀아.

춘필 가면.

강희	우리도 이쯤에서 파하자.
	나랑 같이 아름이 데려다줄 사람?
연수	(나서고 싶지만 못 나서고 눈치 보는데)
승언	내가 갈게.

연수	야! (해놓고 놀라 움찔)
일동	(연수 보면)
연수	너는... 뒷정리해야지. (캠핑 도구, 그릇 등등) 이런 거 이런 거..
	어디다 둬야 되는지 오래 산 니가 알지. 한우랑 나는 잘 모른다고.
승언	어. 그래.
연수	한우 너는 승언이 도와주고. (하더니) 가자, 아름아. 바래다줄게.

연수, 누가 딴지 걸세라 얼른 나간다.

#23. 모텔 로비/ 밤

강희와 아름, 연수 계단 내려오는데
석경이 로비에 앉아 있다가.

석경	(서운한 얼굴로) 아름 씨 뭡니까? 나만 쏙 빼고.
아름	(석경 향해) 미안해요 실장님. 저도 아저씨한테 초대받은 거라...
	(하다가 퍼뜩! 굿 아이디어) 강희야. 나 연수랑 갈게. 넌 있어.

아름, 나름 석경과 강희 배려하느라 연수 데리고 빠져주는데.
연수, 계획이 틀어진. 속으로 절규하는. '한아름! 이게 아니라고!'
하지만 어쩔 수 없이 아름 따라 나간다.
강희, 나가는 두 사람 보며. 따라갈까 말까... 타이밍 놓쳤다.

석경	강희 씨 환영회였다면서요? 좋았겠다.
강희	전혀요.

#24. 거리/ 밤

못내 아쉬운 연수, 아름을 따라 걷는데.

아름	너... 지금 나 원망하지?
연수	...
아름	강희 때문에 나온 거잖아. 나 데려다준단 건 핑계고.
연수	알면서. 일부러 방해한 거야?
아름	...
연수	...
아름	강희 옆에 실장님도 있고... 공사 끝나면 어차피 서울 갈 건데.
	너 또 흔들리면... 너 힘들어하는 거 어떻게 봐?
연수	(한숨 내쉬는)

#25. 하나읍 거리/ 밤

강희와 석경, 달 밝은 가을밤 시골길을 걷는다.

강희	공사 잘해야겠어요.
석경	갑자기? 이미 잘하고 있잖아요.
강희	스무 살 되던 첫날 여기서 야반도주했거든요.
	무작정 상경해서 고시텔 전전하고, 하루에 두세 건씩 알바하고.
	그러면시 내 힘으로 대학 졸업장 땄을 때.. 비록 전문대지만 1루 진출한 것처럼 기뻤어요.
	취직해서 지강희 이름 석 자 박힌 명함 받아들었을 땐 2루쯤 달린 거 같아 뿌듯했고..
	내 말은. 나도 열심히 살았다구요.
석경	알죠. 내가 목격자예요.
	강희 씨가 알바하는 것도 봤고,
	디자이너로 치열하게 일하는 것도 봤고.

강희   근데.. 오늘 고향 친구들 보면서 나만 루저가 된 기분..?
        다들 여기서 아무 문제 없이 잘 살고 있더라구요.
        난 못 버티고 도망쳤는데. (쓸쓸한 표정으로 착 가라앉는)

석경   강희 씨는 도망친 게 아니라 도전한 거죠.
        친구들도 다들 부러워할 걸요.

강희   오텔 하나. 보란 듯이 멋지게 리모델링 해서
        내가 틀리지 않았다! 나도 열심히 잘 살고 있다!! 증명하고 싶어요.

석경   강희 씨 하고 싶은 거 다 하게 해줄게요.
        크리스마스 맞춰서 오픈도 화려하게 하고. 현판식도 거창하게 하고.
        하나읍 사람들 싹 다 불러서 제대로 보여줍시다.

#26. 동물병원 앞/ 밤

강희와 석경, 동물병원 앞을 지나쳐 걸어오다가.

석경   맞다. 동물병원 보니까 생각나네. 전에 했던 얘기 기억나요?

-인서트. 공사장 옥상 (4부 #52)

석경   에스더가 프러포즈 받았다고 했을 때.
        궁금해서 미치는 줄 알았거든요.
        결국 빅터 찾아가서 같이 사업하자고 제안했잖아요.
        괜찮은 놈인지 아닌지. 직접 확인하고 싶어서.

강희   ..부럽다.
        수의사한테 모텔 공사를 같이하잘 수도 없고..
        난 찾아갈 핑계도 없어요.

석경   수의사한테 모텔 공사 같이하자고 할 명분. 찾았어요.

강희   ?!

석경   반려동물 동반 모텔을 기획하는 겁니다.

         당연히 수의사, 아니 윤난우 선생 자문이 필요하죠.

강희   !!

석경   내일이라도 당장. 찾아가 보세요.

#27. 동물병원 주차장/ 낮

다급해 보이는 난우가 허둥대며 차에 시동 걸고 있다.

덜그덕거리는 차 위험해 보이고.

강희, 달려와서 난우 막는다.

강희   내려요.

난우   네?

강희   운전 못 하잖아요.

난우   (허둥지둥. 마음만 바쁜) 그치만.. 지금 당장 출장 가야 하는데..

강희   천연수는 어디 가고!

난우   출장이요. 톡 남겼는데 답은 없고 급해서.

강희   알았으니까 얼른 내려요. 내가 운전할게요.

강희, 운진석에 앉고. 난우를 차에 태우는데

난우   (걱정과 불안과 긴장 초조) 제가 출장 진료는 처음이라... 게다가 대동

         물 전공도 아니고.. 어떡하죠? (불안해서 손 비비는)

강희   (망설이다 난우 손 꼭 잡아준다)

난우   (보면)

강희   침착해요. 할 수 있어요. 윤난우 선생님, 천연수가 믿고 선택한 분이

         잖아요.

난우   (강희 보다가 차분해지는) 고맙습니다.
         (심호흡하고) 할 수 있어요. 아니 해야 돼요. 원장님 안 계실 땐 제가..
         원장님 대신이니까.

         평정심 찾은 난우 모습에. 강희, 난우 손 놓아주고.

강희   출발합니다.

#28. 한우 농장 앞/ 낮

         강희의 차가 농장 앞에 빠르게 달려와 멈추면.
         허겁지겁 차 앞으로 달려오는 한우 아버지.
         차에서 내리는 난우와 강희를 보고 기막혀하며.

한우부   연수는? (차 안 두리번) 연수 안 왔어?
난우   (한우 향해) 소는 어디 있어요?

         난우, 출발할 때 불안해하던 모습은 온데간데없이 차분하고 당당하다.

#29. 한우 농장 막사/ 낮

         천막이 처진 막사. 한가운데 쓰러져 있는 소.
         배가 비정상적으로 부풀어 있고. 헐떡이며 간신히 숨 쉬는 모습이 애
         처롭다.
         그 옆에서 안타깝게 소 지켜보고 있는 한우.
         난우, 조심스럽게 소에게 다가가 상태를 확인하는.

난우   가스 팽창이에요. 위장 튜브 삽입해서 가스 빼볼게요.

난우가 왕진 가방 여는 사이. 소에게 다가가는 한우부.

난우   (단호하게) 안 돼요! 배 누르심 안 돼요, 아버님.
강희   아저씨!!

강희, 한우부를 소에게서 떼어내고. 가까이 못 가게 막아선다.

난우   (한우에게) 선배님. 소 머리 좀 잡아주세요.

한우가 소의 입을 억지로 벌리는 사이. 난우가 튜브를 삽입하려는데.
격렬하게 저항하는 소. 튜브가 바닥으로 떨어진다.

한우   (안타까움으로) 칠땡아. 너 낫게 할려는 거야. 제발 가만히 좀 있어 줘.
         (하는데 눈물 뚝뚝 떨어진다)
난우   위를 뚫어야겠어요.
한우부   (기함하는) 뭐?!
난우   (소독약과 수술도구 꺼내며 차분하게 설명) 절개해서 위에 직접 튜브
         를 꽂아 가스 뺄 거예요.
         털 밀고 소독해야 되니까 (한우 향해) 선배님이 절 좀 도와주세요.
한우부   (결사항전의 자세) 안 돼! 절대 안 돼!!
         (난우에게) 선생! 수술 해봤어?
난우   (한우 향해) 선배님! 칠땡이 살려야죠. 급해요.
한우   (망설이는데)
한우부   연수한테 전화 걸어!

강희, 연수에게 전화 걸어보지만. 전화 안 받는다.
초조하게 보고 있는 사람들.

강희, 고개 저으면.
난우, 한우를 보고 결정하라고.

한우   (결심한) 강희야. 아버지 좀.
         윤 선생. 합시다!! 윤 선생이 책임지고 우리 칠땡이 살려줘요.
한우부   이것들이!! 내 소야!! (버티는데)

강희, 한우부 끌고 나간다.

#30. 한우농장 막사 앞/ 낮

강희에게 끌려 나온 한우부, 농장 쪽 보는데.
천막에 비쳐 그림자 혹은 실루엣만 보이는.
난우와 한우의 다급한 소리와
칠땡이의 음메~~~ 소리로 긴장감 더하는.
입구를 막고 서 있는 강희 때문에. 초조하게 입구 앞 오가며.

한우부   소 울음소리 봐라. 저!! 저것 둘이 칠땡이 잡는다, 지금!!

들어가려고 하지만. 강희의 제지에 막혔다.

난우E   선배님. 이제 튜브 꽂을 거니까 꽉 잡아주세요.
          됐어요!!

이때 허겁지겁 달려오는 연수.
한우부, 연수 잡아끌고 천막 안으로 들어간다.
혼자 남은 강희. 소외감으로..

#31. 한우농장 막사 안/ 낮

어느새 멀쩡해진 소, 서 있고.
첫 수술을 무사히 마치고 한껏 업된 난우와
그런 난우에게 칭찬 아끼지 않는 연수.

난우   원장님! 저 했어요!! 제가 했어요!!
연수   잘했어. 윤 선생.
　　　　대동물 처음이라 당황스러웠을 텐데 혼자 해냈네. 진짜 대단해.
　　　　첫 수술 무사히 마친 거 축하하고. 칠땡이 살린 거 고마워.
난우   (뿌듯한 얼굴로 보는)
연수   (기특해서 미소로 보는)

#32. 차 안/ 낮

운전 중인 강희, 신호 대기 중이다.

-인서트. 농장 일각

강희와 한우, 길어 내려오며.

한우   천연수 저 자식. 한동안 정신과 다닌 거 아냐?
강희   (놀라서) 왜?
한우   너한테 집착하는 거.. 병 아닌가 하고.
　　　　너 서울 간 뒤에 연수 진짜 힘들어했다.
　　　　안 죽은 게 신기할 정도로.
강희   ...
한우   나는 연수만 좋다면.. 천연수가 칠땡이랑 사귄대도 찬성할 거였어.

근데 윤 선생.. 얼마나 좋은 사람이냐?

윤 선생 만나고 연수 많이 밝아졌어.

생각에 빠져서 신호 바뀐 것도 모르고 멈춰 있던 강희.

뒤늦게 출발하려는데. 또다시 빨간 불이다.

강희, 한숨 내쉬다 문득 시선 고정.

보면, 한우 축제 플래카드 나부낀다.

강희   안 돼!! 내가 진짜.. 정신을 얻다 두고 다닌 거야!!

#33. 모텔 식당/ 밤

강희, 작업일정표 보며 머리 싸매는데

호출받은 석경이 들어온다.

석경   비상사태가 뭡니까?

강희   (일정표 보라고)

석경   (살펴보고) 일정대로 잘 진행되고 있는데 왜요?

강희   방통 작업이 한우 축제 첫날이랑 겹쳐요.

석경   (그게 뭐? 하는 얼굴로)

강희   시골 축제 어떤 건지 모르죠?

석경   ?

이때, 아름이 온다.

축제 팸플릿과 자료 가져온.

아름   차량 통행은 전면 통제래.

(지도 펴며) 축제행사장은 여긴데. 품평회장이 여기라.

석경   차량 다 막고, 월드컵 거리 응원 같은 건가.
　　　　시골 사람들 모처럼 신나겠네.

강희   방통이랑 겹친다니까요. 레미콘 차가 못 들어온다구요.

석경   축제 기간이 며칠인데요?

아름   4일이요.

석경   그럼 우리도 미루고 놉시다. 한우 축제니까 한우나 잔뜩 먹고.

강희   (답답한) 날씨 점점 추워지는데.. 추워지면 콘크리트 양생 시간도 길
　　　　어져요. 방통 늦어지면 오픈은 열흘이 밀릴지, 보름이 밀릴지 모른다
　　　　구요.

석경   (그제야) 아..

강희   그뿐이에요? 여기 팀들 계약도 끝나는데 어떻게 잡으시게요?

석경   ..돈으로?

강희   (한숨. 속 터지는) 실장님은 여기가 그렇게 좋아요?
　　　　나는 빨리 끝내고, 빨리 서울 가고 싶다구요!! (하는데)

연수, 식당 입구에 서 있었다.
강희, 시선 피하고
연수도 나간다.

#34. 모텔 앞/ 밤

연수, 서운한 얼굴로.

연수   그렇게 싫은가. 서울이 그렇게 가고 싶어?

#35. 모텔 식당/ 밤

석경, 미안한 얼굴로 강희 살피고.
아름은 그런 강희와 석경 눈치 보다가.

아름   아저씨한테 부탁해보면 어때? 아저씨... 한우 축제 준비위원이서.
강희   (코웃음) 어련하시겠어.
석경   해결됐네요!! (하는데)
강희   춘필 씨 모르죠?
         (아름에게) 춘필 씬 됐고. 축제 준비위원.. 명단 구할 수 있어?

#36. 모텔 앞/ 밤

아름이 나오면.
연수, 한우, 승언 모여서 서성대고 있다.

연수   무슨 일이야?
아름   한우 축제. 레미콘 차 때문에 교통 통제를 풀어야 된다는데... 방법이
         없지 뭐.
연수   품평회장을 옮기면?
한우   그게 쉽냐?
승언   (연수에게) 나 뭐 하면 돼? 지강희 일인데 뭐든 할게.

#37. 모텔 로비/ 낮

춘필, 모닝커피 마시고 있는데.
석경이 다가간다.

석경   대표님. 한우 축제.. 알고 계셨죠?

춘필   (끄덕)

석경   그럼, 요 앞에 차량 통제되는 것도.. 알고 계셨습니까?

춘필   하나읍 소들이 워낙 품종이 좋아요. 소떼들.. 안전하게 다녀야 되니까.

석경   근데 저희는 그날 레미콘 차가 들어와야 돼서요.

춘필   (미소 지으며 손 흔드는) 나한테 일일이 보고 안 해도 돼요.

석경   ...

춘필   그런 건 각자 알아서 하는 겁니다.

석경   네?

춘필   나는 축제 전념하고. 실장님은 공사 전념하시고.

석경   (발끈) 이래서 강희 씨가!! (하다가)

        (누르고) 강희 씨가 오픈 날짜 맞추려고 얼마나 애쓰는지.. 알고는 계
        신 겁니까?

        태평하게 어깨 으쓱이는 춘필.
        석경, 속 답답해 모델 밖으로 나가 버린다.
        멀리서 지켜보던 미스터 권, 다가와,

미스터권 하나만 알고 둘은 모르네요.

춘필   ...

#38. 농장/ 낮

        연수, 농장주에게 동의서 받고 있다.

농장주   품평회장을 옮긴다고?

연수   네. 지금은 축제 부스랑 너무 가까워요.

농장주   수의사 선생이 그렇다면야. (순순히 사인하는)

연수   고마워요, 아저씨. (하다가 뭔가를 본. 황급히) 저 축사 좀 가볼게요.

연수, 강희에게 들키지 않으려 재빨리 한쪽으로 가는데.
농장주, 돌아보면 강희가 오고 있다.

농장주	지강희?
강희	안녕하세요.
농장주	너, 잘 만났다! 일단 사과부터 해.
	옛날에 내가 너 땀시 헛간에 갇혀서 고생한 거 생각하면 분해서 자다가도 벌떡 일어나.
강희E	(고개 숙여 표정 감추며) 누가 할 소리! 사과받을 사람이 누군데?!

-인서트. 수퍼 앞 (10살 과거)/ 낮

어린 강희와 연수, 과자 골라 들고나오는데.
농장주, 한우부, 용수부 등과 평상에 앉아 막걸리 마시다가.

농장주	지강희! 너, 니 아빠한테 잘해.
	느이 아빠.. 시골서 모텔이나 하고 시시하게 살 사람 아니거든.
	요모냥 요꼴로 팔자 조진 게 따지고 보면 다.. 너 때문이다.
	너만 임신 안 했어도.
한우부	(말리며) 취했어. 그만 마셔.
농장주	맞잖아. 내 말 틀려?
	시장님딸, 군수님딸 다 마다하더니 어디서 근본도 없는 튀기년하고 눈이 맞아서는. 쯧쯧.
강희	(노려보는)
농장주	저저, 저 눈 봐라.
연수	(울상) 계산...
용수부	가! 그냥 가. 아저씨가 사줄게.
농장주	춘필이 어머니도 그래서 돌아가셨잖냐. 홧병으로.
	지강희 저게.. 지 할머니도 잡아먹었어!

농장주의 막말을 떠올린 강희, 치밀어오르지만 꾹 참고 누르며.

강희   (아무 기억도 안 나는 척) 내가 왜 그랬을까요?

농장주   니가 원래 어릴 때부터 싸가지였어. 어른들한테 막 대들고. 툭하면 사
         고치고.

강희   에이, 그만하세요. 다 지나간 일이잖아요.

농장주   지나간 일? 트라우마는 어쩌고?!

강희E   (속으로) 얼씨구.

농장주   보상해! 너 돈 많은 애인 생겼다며?

강희E   (속으로) 이거지. 이래야 하나읍이지.

강희   애인이 아니라 회사 실장님이에요.

농장주   뭐가 됐든. 이 동네서 공사 할라믄 보상부텀 해야 된다고.
         가서.. 잘 좀 꼬셔 봐.

강희   (욕 나오는 걸 꿀꺽 삼키고) 아저씨. 좀 봐주세요. 사과할게요.
         어떻게? 무릎이라도 꿇을까요?

농장주   오.. 그거 좋다. 꿇어 봐, 어디.

강희   혼자 보기 아까울 텐데.
         이러면 어때요? 축제준비위원회분들.. 한자리에 싹 다 모아주시면 제
         가 다 보는 앞에서 무릎 꿇고 사과할게요.

농장주   그것도 하고. 따로도 하고. 빨리 무릎 꿇어.

강희   연락부터 해주시면요. (하는데)

농장주   무릎부디 꿇이. (히며 강희 어깨 짓누르는)

이때, 못 참고 뛰쳐나온 연수.

연수   아저씨! 사과든 보상이든 아저씨가 하셔야죠!! 그때 아저씨가 강희한
         테 무슨 말 하셨는지 기억 안 나세요?

강희   !!

연수, 강희에게 가자고. 강희 데리고 나온다.

#39. 농장 앞/ 낮

강희, 연수 뿌리치고. 화내는.

강희   무슨 짓이야? 나 일하는 중이야.

연수   이러지 않아도 돼. 축주들 동의서는 내가 대신 받아줄 테니까 너는..

강희   (OL) 니가 왜? 니가 왜 날 돕는데? 무슨 자격으로?

연수   뭐?

강희   나 서울에서 10년. 바닥부터 구르면서 버텼어. 별별 힘든 일 많았고, 저보다 더한 인간들도 여럿 겪었어. 옛날 지강희 아니라고.

연수   미안. 미안해 강희야.

강희   우리가 무슨 사이라도 돼? 모른 척했어야지. 그냥 지나갔어야지.

연수   내가 다 아는데.. 어떻게 모른 척을 해? 어떻게 가만있어?

강희   그게 싫어! 그래서 싫어!! 니가 내 흑역사를, 내 상처들을 속속들이 다 알고 있어서.

연수   !!

강희   나는.. 널 보는 게 아파. (돌아선다)

연수   (충격으로)!!

돌아서는 강희, 속상한. 빠르게 걸어간다.

강희E   왜 하필 이렇게 마주친 건데.
          이런 모습 들키기 싫다고, 너한테.

그런 강희 마음 모른 채 멍하니 보는 연수.
서로 멀어지는 강희와 연수.

강희 오면.

반장   잘 해결됐지? 여기 사람이잖아.
강희   (그 말엔 대답 없이) 와이어메쉬 작업은요?
반장   하고 있지. 책임자 믿고.
강희   ...실장님은요?
반장   아까 나가던데. 전화 받고.

이때 개선장군마냥 기세등등 돌아오는 석경.

석경   (의기양양) 해결했습니다.
강희   뭘요?
석경   교통 통제. 풀었다구요.
강희   (놀라서) 진짜요?
반장   아이고 잘됐네!! 됐네, 됐어. 역시 금 실장! (양손 엄지척)

반장, 좋아라 가면.

강희   (안 믿기는) 어떻게요?
석경   뭐, 내가 워낙 설득에 능하기도 하고. 어른들한테 유독 호감형이기도
         하고.
강희   순순히 동의했을 리가 없을 텐데.. 시골 사람들 호락호락하지 않아요.
         특히 하나읍.
석경   다 방법이 있죠. 축제 발전기금도 좀 내고. 축제 뒤풀이 협찬도 좀 하
         기로 하고.
강희   (그래도 안 믿기는)
석경   실은.. 강희 씨 친구분들 도움도 살짝 받기로 하고..

강희	!! (표정 서늘해지며) 친구 누구요?
석경	있잖아요, 친구들.
강희	(분명하게 말하라고) 그러니까 누구요?
석경	깡..패..?
강희	(화나서 표정 굳어지는데)
석경	먼저 도와주겠다고 했어요. 내가 부탁한 게 아니라.

#41. 마을회관/ 밤

연수, 축제위원회 어른들과 농장주들을 설득한다.

연수	소고기 먹으러 왔는데 진짜 소랑 눈 마주치면 관광객들 놀래요.
한우부	하긴.. 매년 불평들이 좀 있긴 했어.
연수	이번 기회에 품평회장을 옮겨야 된다니까요. (떨떠름한 위원들 보다가) 찬성하시는 분들, 손! 무료 왕진 서비스 갑니다!!

일제히 손드는 축제준비위원들.

#42. 파출소/ 밤

교통 통제 안내문 잔뜩 안고 오는 민구.
한우와 승언에게 투덜댄다.

민구	갑자기 교통 통제구간을 바꾸면? 일이 얼마나 많은 줄이나 아냐?
한우	(민구 독려) 야.. 이렇게 협조 잘해주는 민중의 지팡이가 내 친구라서 자랑스럽다. 친구야.
민구	(어이없어서 째려보면)

승언   어. 지팡이가 잘생기기도 했어. 멋있어.
      가자. 우리가 도와줄게.

      나서서 안내 벽보 챙겨드는 한우와 승언.

#43. 거리/ 밤

      민구의 순찰차 멈추면.
      한우와 승언이 내려서 기존 안내문 위에 새로운 안내문 부착한다.
      밤거리. 교통 통제 안내문 바뀌어가는.

#44. 하나읍 전경/ 낮

      하나읍에 아침이 밝았다.

#45. 공사현장/ 낮

      레미콘 차 공사 현장에 콘크리트 붓는 중이다.
      반장이 현장 지휘하고. 팀원들도 일사불란하게 방통을 진행한다.
      그 모습 지켜보는 강희.
      그런 강희 눈치 보는 석경.

석경   아직도 화났습니까?
강희   네.
석경   미안해요. 강희 씨.
강희   실장님이 아니라 나한테 화났어요.

석경   ??

강희   내 친구들인데. 내가 잘되길 누구보다 바라는 친구들인데. 내가 부탁
       만 하면 기쁜 마음으로 도와줄 친구들인데..
       도움받고. 고맙다고 하고. 그랬으면 되는걸.. 그 당연한 걸 못했어요.
       내 맘이 꼬여서.

석경   !!

강희   실장님 아니었으면 오늘 공사도 못 하고 진짜 루저될 뻔했어요. (민망
       한 듯 웃는) 고마워요. 실장님.

석경   진심이죠?

강희   그럼요.

석경   그럼. 뒤풀이 같이 갑시다. 한우 축제 한우 먹으러.

#46. 축제 부스/ 밤

       사람들로 꽉 차 흥겨운 축제 부스.
       한쪽에 강희와 친구들 모여 있다.

강희   너희들. 대체 무슨 짓을 한 거야?

한우/승언/아름   (모르쇠) 뭐가?/ 뭐?/ 음??

강희   석경 씨한테 다 들었어. 고맙다.

한우   고맙다니까 고맙다. 고생은 고생대로 하고 생색도 못 내고. 이게 뭐냐
       했는데.

강희   미안. 많이 먹어.

승언   연수가 제일 애썼어.

한우   뭐래? 걔는 머리만 썼지 몸은 우리가 썼어.

아름   (흐뭇) 오랜만에 깡패가 뭉쳐서 한 건 했네.

강희   ... 연수는?

한우   품평회장. 끝나고 올 거야.

축제 부스 다른 쪽 일각.
한우부를 비롯한 축제준비위원들과 라라, 용수부 등 마을 어른들
삼삼오오 모여 있고.
석경이 돌아다니며 인사한다.

석경   덕분에 오늘 공사 잘했습니다. 감사합니다.
용수부 말로만 하지 말고 금일봉을 좀 내놔 봐.
라라   (쿡 찌르며) 당신은 좀! 어련히 알아서 할까.
한우부 축제발전기금으로 이미 천만 원이나 냈어. 그만들 후려. (하더니만)
       여기 우리 마을 사람들.. 쩌그 옆동네 더덕 축제 견학은 좀.. 무리스럽나?
석경   아... 지강희 씨하고 상의 해보겠습니다. (적당한 핑계로 벗어나려는데)
한우부 (어림도 없다) 그랴? 그럼 불러서 확답을 받자고.
       강희야!! (일루 오라고) 지강희!

축제 부스 한쪽에서 친구들과 있던 강희, 어쩔 수 없이 불려왔는데.
마침 이때 수지, 연수와 난우 데리고 나타난다.

라라   (수지 발견하고) 연수야! (오라고)
수지   (다정하게 난우 팔짱 끼며 가자고)

수지, 연수와 난우를 데리고 오면
앉아있던 사람들, 한마디씩 한다

용수부 어서 와. 수의사 커플!
라라   수지가 윤 선생을 얼마나 이뻐하는지 몰라.
수지   이쁘잖아. 상냥하고 싹싹하고. (난우 쓰담쓰담)
난우   (미소) 어머님이 잘해주시니까요.
한우부 천생연분이네 천생연분. (석경 향해) 안 그랴?
석경   네.. 잘 어울립니다. 두 사람..

안 듣고 싶어도 안 들을 수 없는 강희, 마음이 쓰라리다.
불편하긴 연수도 마찬가지.
강희와 눈 마주치자 시선 피하는데.

강희   천연수!
연수   (긴장한 채 보는데)
강희   축하해.
연수   !!
강희   (수지에게로 시선 돌리는) 축하드려요. 아줌마.
수지   (떨떠름 보다가) 그래. 고맙다. 너도 축하한다. 소문 들었어.
       (석경 스캔하고) 어떤 남잔가.. 궁금했는데. 성공했네! 능력도 좋다, 넌.
       (석경 향해) 반품 안 돼요. 얘.
석경   (당황해서 강희 보며) 저기.. 우리는.. (하는데)
강희   (석경의 팔짱 낀다) 우리는 저쪽으로 가요.

놀랐지만 이미 한번 경험했던 석경, 내색 없이 자연스럽게 강희 장단
에 맞춰주고.
그렇게 팔짱 낀 채 멀어지는 강희와 석경 보는 연수.
사람들의 시선에서 벗어나면.

석경   강희 씨. 사람들이 오해를 좀 한 거 같은데..
강희   죄송해요. 공사 끝날 때까지만. 한 번만 더 석경 씨 이용할게요.
석경   싫습니다.
강희   (당황스럽게 보는) !!
석경   이번엔 나도. 조건이 있어요.
강희   ??

#47. 축제 부스 밖/ 밤

심란한 강희, 부스 밖으로 나오는데 연수와 마주친.

연수   얘기 좀 하자.
강희   할 말 없는데. 난 다 했어.
연수   그럼 넌 듣기만 해. 윤 선생하고 나...
강희   (말 자르며) 대단하지 않냐? 너도. 나도.
연수   ??
강희   우리가.. 축하란 걸 받았다. 사람들한테.
       하나읍 어른들.. 오늘 보니까 덕담도 할 줄 아는 사람들이더라. 기가
       막혀서.
       우리한테는 위해주는 척, 걱정하는 척.. 그렇게 모질고 독한 말들을
       해대더니.
연수   ..그런 걸 왜 기억하고 있어? 지우지. 좀 잊고 살지.
강희   그러게. 그럴걸. 이제라도 그래 볼게.
       그런 소리 들을 일.. 이제 없을 테니까. (시선 어딘가 보는)

강희 시선 따라 돌아보면. 난우가 연수 발견하고 달려온다.
술을 마셨는지 볼이 발그스레 유난히 사랑스러운 얼굴로 달려와서는
연수가 아닌 강희 손 덥석 잡는다.

난우   (양손으로 강희 손 잡고) 신배님!!

연수도, 강희도 당황스러운.

강희   (손 빼며) 술 마셨어요?
난우   네. (배시시) 어머님이 자꾸 권하셔서요.
       원장님 찾아온단 핑계로 도망 나왔어요.
       (연수에게) 원장님. 원장님은 어머니한테 가 보세요. 저는 언니랑..
       (강희에게) 언니라고 불러도 되죠? (살갑게 구는데)

강희   (대답 안 나오는) ....
난우   그날.. 칠땡이 수술이요. 언니 아니었으면 나.. 진짜 못했을 거예요.
        고마워요. 언니.
        (팔짱 끼며) 가요. 제가 맛있는 거 사드릴게요.
강희   (팔짱 빼며) 다음에요. 오늘은 일행이 있어서.
난우   (진심 서운한 듯) 진짜요?
        그럼 다음에 꼭이요. (하며 강희 끌어안는다)
강희   (밀어내며 어정쩡. 연수에게 눈짓으로 얼른 데려가라고)
연수   윤 선생... (난우를 강희에게서 떼어내려 난우 팔 잡는)

난우에게서 빠져나온 강희, 돌아서서 간다.

#48. 축제 부스 일각/ 밤

강희   (걸어가며) 뭐가 그렇게 자연스러워?

-인서트. (#47)

        달려와 손잡는 난우.
        자연스럽게 팔짱 끼는 난우.
        망설임 없이 허그하는 난우.

강희, 멈춰 선다.

-인서트. 동물병원 (상상)

        연수 출근하면.

난우   (달려와 손잡는) 원장님!

        연수 출장진료 준비하면.

난우   (팔짱 끼며) 같이 가요. 원장님.

        연수 퇴근하려 하면.

난우   (끌어안고) 가지 마요.

강희   치. 좋겠다 천연수.

#49. 하나읍 거리/ 밤

        축제로 흥청대는 길을 벗어나
        심란한 마음으로 혼자 걸어가는 연수.

#50. 동물병원 (과거)/ 낮

        연수, 심각한 표정으로 고민하는데
        화사한 얼굴로 들어오는 난우.

연수   (망설이다) 윤 선생. 우리 같이 일하는 거.. 좀 보류해야 될 거 같아.
난우   왜요? 온 동네에 우리 소문 파다한 거 때문에요?
연수   (끄덕이면)
난우   싫은데요.
연수   뭐?!

난우   그 소문 덕에 집에서 구박도 안 하고. 선보라는 말도 안 하고..
        전 지금이 너무 좋단 말에요.

연수   (어이없는) ...

난우   당분간 사귀는 걸로 해도 되죠?

연수   아니! 안 돼!!

난우   (눈 동그랗게) 왜요?

연수   좋아하는 사람이 있어. 지금은 그 사람.. 기다리는 중이고.

난우   그러니까요!

연수   ??

난우   선배님도 좋아하는 사람 있으면서 억지로 선볼 필요 없잖아요.
        그 사람 올 때까지만.. 당분간만 사귀는 걸로 하자구요.

연수   (어이없다는 듯 보면)

난우   어차피 소문은 이미 다 났는데, 지금 해명하나, 나중에 필요할 때 해명
        하나.. 뭐가 달라요?!

연수   (고민하는) 그러다 소문 감당 안 되면?

난우   그럼.. 그냥 사귀죠. 뭐.

연수   (굳어지는) 윤난우!!

난우   농담이에요. 농담.
        원장님이 기다리는 그분... 대체 누군지 얼굴 한번 보고 싶네요.

#51. 하나읍 거리/ 밤

        심란한 연수. 수지 전화 오지만.
        전화기 꺼버린다.

#52. 축제 부스/ 밤

| 수지 | (안 받는다고. 핸드폰 내리고) 분명히 여기 어디 있을 텐데.

수지와 라라, 두리번거리며 연수 찾다가

| 라라 | 너네 남편은 저기 있다.
| 수지 | (라라가 가리키는 쪽 보는데)

수지 남편, 한 무리의 동네 사람들과 어울려 맥주 마시고 있는데.
어떤 동네 여자와 짠! 잔 부딪친다.
그 모습 본 수지, 눈 돌아간다.
남편에게로 직진하는 수지.

| 수지 | 지금 뭐 하는 거야?
| 남편 | 또 시작이다, 또!! 너 저리 안 가?
| 수지 | (여자에게) 내 남편 꼬셔서 도망이라도 가게?
| 여자 | (어이없어) 무슨 소리야?!

하는데 테이블 엎어버리는 수지.
느닷없이 봉변당한 테이블의 사람들. 소리 지르며 자리에서 일어나고.
순식간에 난리가 난 부스 안.
남편, 화가 머리끝까지 올랐다.

| 남편 | 이게 어디서?! 너 이리 와!! 니가 또 맞아봐야 정신을 차리지!!

일단 병부터 깨고. 수지를 향해 무섭게 달려드는 남편.
수지의 머리채를 잡아 질질 끌고 가는.
사람들, 수지 남편의 포악한 기세에 접근 못 하고 어쩔 줄 몰라 보는데.
소란에 몰려든 사람들 중 강희도 있다.
강희, 바로 112에 전화 거는데.

이때 어디선가 나타난 춘필, 남편 앞을 막아선다.
그런 춘필 보며 강희, 긴장한 채 굳어진.
춘필, 수지의 머리채를 잡은 남편의 팔목을 잡아 비틀며.

춘필   놔! 버티면 팔목 부러진다. (힘주는)
남편   (깨진 병으로 춘필 내려치는데)
춘필   (다른 팔로 막으며. 여전히 남편 팔목 단단하게 거머쥔)

남편, 비명과 함께 수지 머리채 놓으면.
수지 나동그라지고.
구경꾼처럼 둘러싼 동네 사람들 보는데. 눈동자 멍하다.
달려와 그런 수지 감싸안는 라라.

남편   (팔목 잡힌 채) 보셨잖아요. 형님! 저 여자가 사람 환장하게 만드는 거!
       (수지 가리키는데)
춘필   (시선 안 돌리고. 눈빛으로 제압하는) 병 내려 놔.

남편, 춘필 손아귀에서 벗어나려 힘주며 몸부림치지만.
병 휘두르는 남편의 팔목을 더 단단하게 붙잡고 몸으로 힘껏 밀어붙
인다.
반대편 벽까지 밀려간 남편. 어쩔 수 없이 손에 든 병 떨구는데.
이때 신고받고 출동한 경찰들 달려온다.
춘필, 그제야 숨 몰아쉬는데. 강희와 눈 딱 마주친다.

#53. 축제 부스 일각/ 밤

싸늘한 표정으로 춘필 째려보는 강희

강희   (비아냥) 히어로 나셨어.

춘필   어떡하냐 그럼.

강희   수지 아줌마 일이라면 아주.. 예나 지금이나.

춘필   안됐잖아.

강희   (노려보며) 그럼, 나는? 죽은 내 동생은? 엄마는?

춘필   ...

#54. 모텔 로비/ 밤

지치고 피곤한 얼굴로 들어오는 강희.
의자에 털썩 앉는다.

강희   짜증 나!

미스터 권, 그런 강희 보는데.

강희   맘껏 미워할 수도 없게 늙어버렸어! 머리도 죄 흰머리고, 주름도 많고.
그러다 다치기까지 하면 어쩌려고..

강희, 투덜대고 있는데.
미스터 권, 유리그릇에 아이스크림 담아서 나온다.
강희 앞에 놓아주면.

강희   ??

미스터권 (무뚝뚝한 얼굴로) 너만 주래.

강희   누가요?

미스터권 ...

대답 없이 가버리는 미스터 권.
강희, 유리그릇의 아이스크림 보는데. 베스트아이스 슈팅스타다.
강희, 아이스크림 한 입 떠서 맛보다가.
벌떡 일어나서 미스터 권에게로.

강희   누군데? 누가 나만 주랬는데?
미스터권 누구겠어.

#55. 모텔 계단/ 밤

계단을 뛰어 올라가는 강희.

#56. 모텔 복도/ 밤

복도를 달려온 강희. 연수 방 앞에 멈춰 서서.

강희   천연수.. 천연수!

불러보는데. 대답 없다.
강희, 쾅쾅 문 두드리는데. 그 바람에 밀리며 방문이 열린다.

강희   천연수...

하는데. 냐아아.. 울며 깜희가 나오는.

강희   깜희!

깜희, 강희를 올려다보다가 안내하듯 꼬리를 살랑거리며 다시 방으로
들어간다.

강희   들어오라고? 안 돼. 남의 방이야.

말은 그렇게 하면서도 깜희를 따라 연수 방으로 들어서는 강희.

#57. 연수 방/ 밤

복도 불빛에 어슴푸레 보이는 방의 윤곽.
강희, 불을 켜는데.
깜희, 밥그릇 앞에 앉아 강희 보며 운다. 냐아아-

강희   밥이 없어? 잠시만.

강희, 사료 찾아 두리번거리다 놀라서 시선 멈추는.
침대 옆에 커다란 테디베어. 19살 생일에 춘필이 선물한 바로 그 테디
베어다.

-인서트. 터미널 안 (1부 #13)

강희   (버스 보더니) 부탁 하나 할게.
연수   뭐?
강희   곰 인형 팔아서 찰리 새끼 낳으면 산후조리 좀 해줘.
        혹시 돈이 남으면 태어날 아깽이들 밥도 챙겨주고.

강희   곰탱이! 천연수.. 이 곰탱이시키.

강희, 연수에게 전화 걸어보는데. 전화기가 꺼져있다.

강희　　(곰 인형에게 다가가 툭 치며) 니가 왜 여있어? 천연수 곰탱이는 어디
　　　　가고?

#58. 모텔 로비/ 밤

쿵쾅거리며 계단을 내려온 강희, 미스터 권에게 달려가.

강희　　연수 어딨어요?
미스터권　…
강희　　물어볼 게 있어서 그래요. 빨리!!
미스터권　나가더라. 기타 들고.
강희　　!!

#59. 언덕/ 밤

호수가 내려다보이는 언덕 위의 나무들 사이로.
연수, 나뭇등걸에 걸터앉아 기타 치는.

#60. 몽타주

기타 연주 흐르는 가운데.
연수를 찾아다니는 강희 모습 몽타주로.

-동물병원

불 꺼져 있다.

-학교 운동장
네 귀퉁이 켜진 외등만 쓸쓸할 뿐. 텅 빈 운동장.

-하나읍 거리
강희, 조명 켜진 거리를 두리번거리며 뛰듯이 빠른 걸음으로 걷는.

#61. 언덕 일각/ 밤

강희, 숨 고르며 멈춰 서는데. 어디선가 기타 연주 소리 들려오는.

강희   연수다!

소리가 이끄는 대로, 마음이 이끄는 대로.
연수를 향해 있는 힘껏 달려가는 강희에서.

5부 끝.

6부

#1. 아이스크림 가게 앞 (과거)/ 낮

연수와 난우 걸어가는데.
난우, 아이스크림 가게 앞에 멈춰 서더니.

난우   드디어 오픈했네!! 원장님! 우리 아이스크림 먹어요.
연수   ..먹고 와. (가는)
난우   (잡으며) 오픈 기념 원플러스원이에요. 같이 가요.
연수   나 아이스크림 안 먹어.
난우   진짜요?
연수   먹고 외.

난우 남겨두고 가버리는 연수.

#2. 아이스크림 가게 (과거. 5부 #5)/ 낮

난우, 아이스크림 가게 안으로 들어오는데.

진열대 앞에 연수가 서 있다.

난우   (깜짝 놀라) 원장님! 아이스크림 안 드시잖아요?
연수   누구.. 사다 줄 사람이 있어서.
난우   그럼 저도 사주세요.
연수   ..골라 봐.
난우   원장님은 뭐 사실 건데요?
연수   나는.. 슈팅스타.
난우   오.. 도발적인 맛!
연수   도발적? (하며 웃는)

미소 띤 채 고개 돌리다 강희와 눈 마주친.
강희, 돌아서 나가고.

#3. 모텔 로비 (과거)/ 낮

아이스크림 사들고 서둘러 온 연수.

연수   강희는요?
미스터권 아직.

연수, 돌아서 나가다 다시 온다.
미스터 권에게 아이스크림 박스 주는.

연수   강희 거예요. 강희만 주셔야 돼요. 꼭!

#4. 언덕/ 밤

호수가 보이는 언덕에 기타를 맨 채 서있는 연수. 쓸쓸한 눈빛으로.

연수   난... 약속 지켰는데..
       난.. 강희 너 아니면 안 되는데...

-인서트. 담장 앞 (5부 #10)

석경, 강희에게 선글라스 씌워주더니 귓속말.
다정하게 대화 나누는 두 사람의 모습.
석경과 나란히 걸어가는 깅희.

-인서트. 축제 부스 (5부 #46)

강희   (석경의 팔짱 낀다) 우리는 저쪽으로 가요.

팔짱 낀 채 멀어지는 강희와 석경.

#5. 언덕 일각 (5부 엔딩씬 연결)/ 밤

강희, 숨 고르며 멈춰 서는데. 어디선가 기타 연주 소리 들려오는.

강희   연수다!

연수를 향해 있는 힘껏 달려가는 강희.

#6. 언덕/ 밤

연수, 호수가 보이는 나무들 사이 벤치에 걸터앉아 기타 치는데.
강희 나타난.

연수   (놀라서 멈추고) 지강희!! (올려다보면)
강희   (숨찬) 물어볼 게 있어서... 아니, 물어볼 게 많아서...
연수   (숨 고르라고) 하나씩. 천천히..
강희E   (숨 고르며 마음속으로 질문들 마구 쏟아내는)
         아이스크림 뭔데?
         나만 먹으라는 거 뭔데?
         곰돌이 뭔데?
         그게 왜 니 방에 있는 건데?
         도대체 니 맘 뭔데?!
연수   (그런 강희 보며 기다려주는)

강희, 묻고 싶은 질문들이 그렇게 많았는데.
정작 입을 열자 생각에도 없던 질문이 불쑥 나와버린다.

강희   천연수 너... 나 왜 도왔는데?

강희의 진지한 표정과 숨찬 목소리가 다그치는 것처럼 들리는 연수.
순간, 강희가 했던 말 떠올라 표정 굳어진다.

-인서트. 농장 앞 (5부 #39)

   강희   (OL) 니가 왜 날 돕는데? 무슨 자격으로?
            우리가 무슨 사이라도 돼?

연수   (강희 또 화났구나! 잘못한 사람처럼 강희 보는) ...
강희   (기대와 불안이 교차하는 복잡한 마음으로 보는) ...

연수   (더 불안해지고) …

강희   (연수의 길어진 침묵에 답답한. 재촉하듯) 나 왜 도와준 거냐니까!
         대답해 천연수.

연수   ..니가 울었잖아.

강희   뭐?

연수   니가 우는데.. 내가 할 수 있는 게 그거밖에 없으니까.

강희   !!

-인서트. 운동장 (5부 #7)

         강희 눈에 눈물이 차오르더니.
         기어이 손등에 툭 눈물 떨어지면. 그저 안타깝게 보는 연수.

연수   눈물을 닦아줄 수도 없고.

-인서트. 운동장 (5부 #7)

         벌떡 일어나는 강희.
         연수를 지나쳐 가는데. 잡지 못하고 안타깝게 바라보는 연수.

연수E   (마음의 소리) 달려가 안아줄 수도,
         (마음의 소리) 손을 잡아줄 수도 없고.

-인서트. 호텔방 (3부 #10)

         강희   우리 첫사랑은 여기서 끝. 디 엔드.
                  지금 나한텐 니가 아니라.. 미래를 꿈꾸게 해줄 사람이 필요해.

연수   버림받은 첫사랑 주제에 니 발목을 잡을 수도 없고.

강희   (가슴을 찌르는 연수 말들이 안타깝고 아픈. 팩트라 어쩌지도 못하고.
       그런 말을 했던 자신에게 화도 나고) ...

연수   내가 너한테 마지막으로 해줄 수 있는 게 그거라서. 그래서 했어.
       그것도 안 돼? 그것도 싫어?

강희   마지막? 누구 맘대로 마지막?

연수   (그 말에 기대감으로 보는데)

강희   누가 엔딩을 니 맘대로 바꾸래?
       우리 엔딩은.. 내가 너 버린 데서 끝이야!

연수   !! (씁쓸하게 보다가) 알아. 처음도 끝도 다 지강희 니 맘대론 거. 그치
       만 나한텐 시간이 필요해.

강희   시간? 무슨 시간?

연수   널 잊을 시간.

강희   !!

연수   너 없이 살려면... 잊기라도 해야지.
       잊을 거야. 잊을 거였어.
       그러니까 걱정 말고 부담 갖지도 말고 화도 내지 말고 그냥..
       나한테 시간을 좀 줘..

       연수, 가버린다.
       강희, 어쩌지 못하고 그 모습 보다가.

강희   (속상해서) 이게 뭐야. (두 손으로 얼굴 감싸 안는)
       (다시 연수 뒷모습 보며) 묻지 말걸. 그냥 고맙다고 할걸...
       아니. 미안하다고 할걸...

#7. 언덕길/ 밤

       강희를 버려두고 내려오는 연수, 마음과는 다른 말을 뱉어놓고 역시

심란하다.

연수E   시간이 간다고 내가 널 잊을 수 있을까?

-인서트. 연수 방

문밖으로 강희 지나가는 기척 들리면.
온 신경이 문밖에 쏠린 연수 모습 위로.

연수E   니 발자국 소리에도 설레는데.

-인서트.

모텔 로비. 춘필이 미스터 권에게 꺾어온 들꽃 주며.

춘필   강희 방에 꽂아 줘.

연수E   니 이름만 들어도 심장이 쿵쾅대는데.
잊을 수 있을까?

#8. 운동장/ 밤

강희가 울었던 운동장 벤치.
그날의 강희처럼 앉는 연수.

-인서트. 농장 앞 (5부 #39)

강희   니가 내 흑역사를, 내 상처들을 속속들이 다 알고 있어서.

연수   !!
강희   나는.. 널 보는 게 아파. (돌아선다)

연수   잊을게. 아니, 잊은 척은 해볼게. 지강희...

하는데 눈물 확 쏟아지는.
연수, 운다.

#9. 모텔 로비/ 밤

강희 들어오면. 착 가라앉은 강희 표정에.

미스터권 못 찾았어?
강희   끝났어.
미스터권 ...
강희   뭘?! 원래 끝이었어. 차라리 잘됐어.

강희, 식당으로 가더니
식당 냉장고에서 아이스크림을 통째 꺼내와 쓰레기통에 처박아 버린다.
이때 강희 핸드폰 울리는.

#10. 파출소 앞/ 밤

석경, 파출소 앞을 오가며 전화 연결되기를 초조하게 기다리다가.

석경   (연결되면) 강희 씨!! 어딥니까? 지금 바로 파출소로 와요.
천연수 씨 어머니의 남편이라는 사람이 강희 씨 아버님을 고소한다고

난리를 쳐서 내가 일단.. (하는데)
(전화 끊어진) 강희 씨? 강희 씨!
(전화 끊고) 놀랬나?

6부 287

#11. 모텔 로비/ 밤

강희, 전화기 집어 던졌다. 저만큼 나동그라진 핸드폰.

강희   왜 또?! 왜 자꾸 수지 아줌마랑 엮이는 건데?!

미스터 권, 잠자코 핸드폰 주워서 강희에게 주면.
강희, 핸드폰 낚아채서 나가 버린다.

#12. 술집/ 밤

마음 울적한 강희, 들어서는데. 시끌벅적.
동창들 잔뜩 모여 있다.
나가고 싶지만 이미 늦었다.

아름   강희야!! (일어나서 팔짝팔짝. 오라고)

강희, 어쩔 수 없이 합석한다.

헌열   남친 찾으러 왔구만.
용수   여지껏 있다가 방금 갔는데.
인숙   (메뉴판 넘기며) 지강희 잘 먹을게. 고맙다.
강희   ??

아름   카드 주고 갔어. 석경 씨가.
        원래는 석경 씨하고 우리(승언, 아름)만 있었는데 애들이...

        동창들, 신났다.
        "제일 비싼 거 뭐냐."
        "술이랑 안주, 종류별로 싹 다 시켜."
        "카드 한도 무제한이라며."
        하다가. 강희에게 예의상 양해 구하는.

진아   지강희. 우리 이래도 되지?
강희   그걸 왜 나한테 물어.

        강희, 술 마시는.
        동창들, 강희 왜 저러냐고. 아름에게 눈짓 턱짓 묻는.
        아름, 어깨 으쓱 모른다고 하는데.

진아   한아름. 너 선봤다며? 로터리 안과 의사랑?
아름   (대답 안 하고 술 마시는) ...
승언   (빈 맥주잔에 우유 붓는)
용수   저번엔 치과 의사랑 선보더니. 이번엔 안과 의사야? 의사 전문 킬러네.
인숙   잡아야 킬러지. 다 안됐단 거 아냐?
헌열   아름이네가 돈이 좀 있던가?
아름   교육공무원이 돈은 무슨.. (하는데)
인숙   없는 돈에 대학원 석사 박사.. 솔직히 도서관 책 빌려주는데 학위가
        뭐가 필요해?
헌열   선볼 때 필요하겠지.
아름   뭐? (발끈하는데)
인숙   그래. 잘해봐. 혹시 알아? 강희처럼 백마 탄 왕자라도 하나 얻어걸릴지.
아름   야!!

인숙 　야? (피식) 한아름이.. 화낼 줄도 알아? 옆에 지강희 있다 이건가?

　　　도저히 못 들어주겠는 강희, 입바람으로 후! 앞머리 날리고 나서려는
　　　순간.
　　　쾅!!
　　　맥주잔에 우유 마시던 승언이 탁자에 잔 내려놓았다.

승언 　어디서 지랄들이야!

　　　강희는 물론 동창들 모두 놀라 승언 보는데.

승언 　(일어나며) 가자, 한아름.
아름 　(놀라서) 어? (보는데)
승언 　이딴 말을 왜 듣고 있어. 가자고.
아름 　(우물쭈물하는데)

　　　승언, 아름을 휙 들쳐메고. 무시하듯 일동 쭉 훑으며.

승언 　무식한 것들!

　　　승언, 나가 버리면
　　　강희, 놀라서 휘둥그레. 동창들도 한순간 말문 막혔다가.

헌열 　무식?! 중졸 주제에 어디서!
강희 　그 중졸 누구 때문인데? (헌열 노려보는)
　　　조용히 술 좀 마실랬더니. (일어나는데)
용수 　야! 너까지 가면 어떡해? 여기 계산은?
헌열 　(그제야) 야! 지강희!!

강희, 무시하고 나와버리는.

#13. 하나읍 거리/ 밤

편의점에서 맥주 사들고 나오는 강희.
터덜터덜 모텔 향해 걸어가는. 몸도 마음도 지칠 대로 지쳤다.

#14. 모텔 로비/ 밤

강희, 들어서는데 로비에 한가득 사람들이다.
춘필을 중심으로. 한우부, 용수부, 수지와 라라, 연수에 난우까지...
질려서 보는 강희.
다들 술 마시며 웃고 떠드느라 강희 못 본. 수지의 이혼파티 분위기다.

수지   드디어 내가 로망을 이뤘잖아. (춘필 보며) 오라버니 덕분에.
난우   로망이 뭐였는데요?
수지   돈 안 드는 이혼!
연수   (한숨 푹)
수지   결혼은 돈 많이 드는 결혼이 로맨틱하고
     이혼은 돈 안 드는 이혼이 바람직한 거 같애.
춘필   수지야. 다음에 결혼하면 제발 혼인신고는 하지 말자.
     이러다 나.. 이혼 전문 변호사 되겠다.
라라   노하우가 쌓일 만도 하지. 벌써 네 번째잖어!!
수지   (연수와 난우 손 잡으며) 엄마가 이런다고 해서 니네는 절대 이혼할
     생각하지 마.

못 들어주겠는 강희, 밖으로 나가 버린다.

#15. 모텔 앞/ 밤

강희, 폭발 직전. 스트레스 만땅인.
어쩌지 못하고.. 가까스로 다스리고 있는데.
이때 모텔 문이 열리고. 누군가 나오는.
강희, 보면.
연수, 취한 난우 부축해서 나오는 중이다.
난우, 연수 팔 꼭 붙잡고 기댄.
강희 보더니,

난우   (사랑스럽게 배시시 웃으며) 선배님이다! 아니, 언니다!!
언니!!

강희, 확 들어가 버린다.

#16. 강희 방/ 밤

들어오자마자 터졌다.

강희   싫어. 싫어. 너무 싫어. 진짜 싫어. 다 싫어.

#17. 하나읍 거리/ 밤

연수, 난우 바래다주는데.
연수는 심란하고
술 취한 난우는 사랑스럽다.

| 난우 | (연수 뿌리치며) 혼자 갈 수 있어요. 안 데려다 주서도 돼요. |
| | (두 손 모아 배꼽인사) 안녕히 가세요. |

혼자 열심히 걸어가는데. 계속 옆으로 걷는다.
연수, 얼른 부축하며.

연수	그냥 가라니까 말 안 듣고...
난우	다들 우릴 결혼할 사이로 아는데 어떻게 그래요?
연수	그러니까. 왜 소문을 키워서는... 진작 그만하자니까.
난우	그만할까요 우리?
연수	그래. 그러자.
난우	좋아요. 그럼 가요!!
연수	어딜?
난우	강희 선배한테요.
연수	뭐?
난우	원장님이 기다리던 사람.. 강희 선배 맞잖아요.
연수	!!
난우	한눈 한 번 안 팔고 일편단심 기다려왔다.
	평생 너 말고 다른 여자 만날 생각 없다.
	가서 솔직하게 확!! 말하세요. (등 떠미는)
연수	(떠밀리며) 윤 선생...

난우, 열심히 등 떠미는데. 옆걸음이다.
비틀비틀 넘어질 뻔하는 난우. 얼른 잡아주는 연수.

#18. 모텔 복도/ 밤

연수 걸어와 자신의 방문 앞에 서는데. 난우 말 떠오른다.

난우   원장님이 강희 선배한테 말하고 오면
          그때 나도 소문 해명할게요. 오케이?
연수   ...

연수, 용기 내서 강희 방문 앞으로 간다.
노크하려는데.
강희 방에서 뭔가 말소리 들린다.

#19. 강희 방/ 밤

강희, 침대 위에 앉아 혼자 맥주 마시며 벽에다 대고 계속 떠든다.

강희   내가 헤어지자고 했어. 그래.
          내가 잘못했어.
          그래도 그렇지. 이게 맞아?
          이십 년 넘게 좋아해 놓고. 그새 몇 달을 못 참고.
          그래. 이십 년 넘게 좋아해준 사람한테 할 말은 없어.
          그래도 그렇지. 참는 김에 좀만 더 참지.
          인제 나.. 어엿한 직장에! 나만의 방에! 다 갖춰놓고 어?
          너만 서울 온다고 하면 오케인데. 어?
          윤난우가 그렇게 좋아?
          좋겠지. 이쁘더라. 취해도 이쁘더라.
          웃으면 눈이 이쁘고 말하면 목소리가 이쁘고 다 이뻐.
          그래도 그렇지. 어? 홀랑 넘어가서.
          인제 나는 잊겠다고? 더 이상은 해줄 게 없다고?
          우이씨.. 나만 좋아한대놓고.

그래 할 말은 없어.

#20. 강희 방 앞/ 밤

연수, 문 앞에 서 있는데.
강희 떠드는 소리 들린다. 내용은 모르겠지만 뭔가 계속 떠든다.

연수   무슨 통화를 밤새 해? (한숨 쉬는데)
춘필E   천연수.
연수   (화들짝 놀라 보면)
춘필   거기서 뭐 해?
연수   (꾸벅 인사) 주무세요. (후다닥 제 방으로 가는)

#21. 연수 방/ 밤

침대에 누워 있는 연수, 강희가 떠들떠들 하는 소리 희미하게 들린다.
연수 신경 쓰여서 계속 뒤척이다가 벌떡 일어나.

연수   지강희! 나 고문하러 온 거야? 언제는 남자친구 아니라더니..

하는데. 석경의 팔짱 끼고 나타난 강희.

강희   (약 올리는 미소) 남자친구 아니고 남편.
         아니다. 남편 아니고 (석경에게 매달리듯 팔 끌어안고 애정 듬뿍 석경
         보며) 내 편.
연수   (억울한) 나는? 나도 지강희 니 편인데..
강희   (검지 들어 살랑살랑 노노) 아니! 천연수 너는...

니 엄마 편. 니 할아버지 편.

춘필 씨 편. 하나읍 편.

소 돼지 고양이 기러기 동물들 편.

연수   (어이없어 보면)

강희   (미소 싹 가신) 윤난우 편.

연수   아니야!!

강희   ??

연수   윤 선생하고 나… 결혼할 사이 아니라고.

강희   (퉁명스레) 어쩌라고?

연수   (작아지며) 그냥 그렇다고.

강희   너 안 되겠다. (석경의 팔짱 풀더니 석경 보는)

석경   내가 처리할게요.

석경, 연수 향해 선빵 날리는데.

다행히 연수, 아슬아슬 피했다.

연수   (열받아서) 니가 먼저 시작한 거다.

연수와 석경의 육탄전.

쿵. 하는 소리와 함께 침대에서 떨어지는 연수.

꿈이었다.

연수, 진땀에 젖어 깨어나는.

#22. 모텔 외경/ 낮

날이 밝았다.

#23. 모텔 복도/ 낮

강희, 나오면.
승언이 기다리고 있다가. 말없이 카드 준다.

강희   아름이는? 잘 데려다줬어?
승언   (끄덕)
강희   너.. 뭐냐?
승언   뭐가?
강희   (아름 들쳐메는 시늉)
승언   그게 뭐? 그럴 때 가만있음 친군가.
강희   오..!! (승언 이리저리 찔러가며 놀리려는) 너 혹시.. (하는데)
승언   하지 마. 내 처지에 무슨.
강희   야! 니 처지가 뭐.
승언   고아에 중졸.

승언, 제 방으로 들어가 버린다.

#24. 모텔 로비/ 낮

강희, 로비에 앉아있는 석경에게 다가가.

강희   (카드 주는) 이런 거 하지 마요. 인제.
석경   그날 술집에 있던 사람들. 어릴 때 강희 씨 괴롭힌 동창들 맞죠?
강희   ??
석경   강희 씨 서울에서 멋지게 잘 살고 있다.. 내가 반해서 쫓아다니는 중
         이고 강희 씨만 좋다면 결혼까지 할 거다...
강희   (석경이 말하는 동안 내내 인상 구겨지는데)

석경　　　그랬더니 괴로워 죽던데요!

강희　　　!!

석경　　　(씩 웃으며) 이런 게 복수죠. 진정한 복수.

강희　　　내 복수를 왜 실장님이 하는데요?

석경　　　강희 씨 남친이잖아요. 공사 끝날 때까지 공식 남친.

-인서트. 축제 부스 (5부 #46 연결)

강희　　　공사 끝날 때까지만. 한 번만 더 석경 씨 이용할게요.

석경　　　싫습니다.

강희　　　!!

석경　　　이번엔 나도. 조건이 있어요.

강희　　　??

석경　　　일회용은 싫습니다.
　　　　　지금 나 이용할 거면 공사 끝날 때까지 공식 남친으로 쭉 가
　　　　　야 돼요.

강희　　　(못마땅) 굳이? 그건 싫은데.

석경　　　그럼 가서 지금 해명하든가!
　　　　　나를 위한 최소한의 안전장치는 있어야죠.

강희　　　??

석경　　　만약 공사 끝나기 전에 우리 갈라서잖아요.
　　　　　그러면 나만 나쁜 놈 돼요.
　　　　　지강희 씨는 실연당한 비련의 여주인공 되는 거고.

강희　　　아뇨. 이 동네서 욕먹는 건 답정나. 니까 그런 걱정 안 하셔도
　　　　　돼요.

석경　　　그건 더더욱 안 되죠. 강희 씨 욕먹는 건 내가 못 참죠.

강희　　　그래요. 그럼. 난 상관없으니까.

석경　　　공식 남친으로서 물어보는 건데 오늘 우리 뭐 하고 놀까요? (기대감으

로 보는) 양생 될 동안 할 일도 없는데.

강희   나는 할 일 많아요.

#25. 강희 방/ 낮

강희, 책상에 앉아 책상 서랍 열어본다.
서랍에서 봉투 더미 찾아 꺼내 보는.
예전에 받은 세뱃돈 봉투들. 세뱃돈은 이미 썼지만 봉투는 모아뒀다.
봉투마다 적힌. 할아버지의 글씨.
<강희야. 새해 복 많이 받고 올 한 해도 건강해라. —할아버지>
<지강희. 해피뉴이어. —할아버지>
<강희야. 고등학생 된 거 축하한다. 책가방 사라. —할아버지>
강희, 울 듯 웃을 듯 봉투 보다가.
결심한 듯 일어선다.

#26. 동물병원/ 낮

강희, 난우 찾아간.
난우, 어제의 취기는 말끔히 가신. 언제나처럼 단정하고 상냥하다.

난우   (미소로 반기며) 오셨어요 언니? 원장님 안 계신데.

강희   오늘은 윤 선생님한테 물어볼 게 있어서요.

난우   언니! 말 놓으세요. (친근하게 굴지만)

강희   (거리 두며) 개인적인 질문이라 무례하고 불편하게 느낄 수도 있지만..
        대답해주면 좋겠어요.

난우   (긴장해서 침 꼴깍 삼키고) 뭐, 뭘까요?

강희   윤 선생님 부모님... (하는데)

난우   잠깐만요. (양손으로 귀 막으며 도리도리) 안 될 거 같아요. 안 들을래요.

강희   별거 아닌데. 그냥 사실관계만 확인하면 되는데..

난우   뭐든, 원장님한테 직접 들으세요. 제가 할 얘기는 아닌 거 같아요.

강희   연수한테 물어봐도 되지만. 직접 듣고 싶어서요.

이때, 연수가 들어온다.

난우   (살았다 싶은) 원장님! 선배님이 자꾸 물어볼 게 있다고...

연수   !!

난우   (강희에게) 원장님한테 들으세요. (후다닥 나가 버리는)

연수   무슨.. 일이야?

강희   윤난우 선생.. 부모님 다 계셔?

연수   어.

강희   (그렇구나..) 사랑 많이 받고 컸겠다.

연수   그랬겠지. (그런 얘기 관심 없고)
         (물어볼 게 뭔지 궁금해서) 물어볼 거 있다며? 뭔데?

강희   그거야. 양친 부모 다 계신지. 사랑 많이 받고 컸는지.

연수   ??

강희   오늘.. 시간 좀 내줄 수 있어?

연수   ??

강희   할아버지한테 가 보려고. 니가 같이 가주면 좋겠다.

연수   !!

#27. 할아버지 산소/ 낮

연수, 산소 앞에 국화 꽃다발 놓고 앉아.
살아있는 할아버지에게 말 건네듯 살갑게.

연수   할아버지.

나... 진짜 잘 참는 거 알지?

할아버지 병간호 힘들 때도 참고.

엄마 사고 쳐서 뒷감당 힘들 때도 참고.

소 뒷발에 갈비뼈 나갔을 때 아픈 것도 참고.

내가 웬만한 건 다 참을 수 있거든.

근데... 지강희는 안 참아져. (먼 산 보다가)

알아. 강희 옆에 딴사람 있는 거.

아는데. 강희 뒷모습은 자꾸 다른 말을 하니까.

외롭다고. 내가 필요하다고...

그래서 그냥 말해보려구.

윤난우랑 사귀는 거 아니라고.

기다릴 테니까 언제든 힘들면 돌아오라고.

응원해 줄 거지?

할아버지는 항상 우리 편이었잖아.

하는데. 강희 온다.

강희, 꽃다발 가져와 할아버지 앞에 놓고 묵념한다.

강희   (묵념 마치고) 할아버지 저 왔어요. 보고 계시죠?

할아버지한테 한 약속.. 지키러 왔어요.

연수   ??

강희   (연수 보는) 너한테 줄 게 있어. (핸드백에서 반지함 꺼내서 주면)

연수   (의아한 듯 열어보다가 놀라서) 이거, 할아버지 반지 아냐?

이게 왜 너한테 있어?

강희   ...

너하고 같이 서울 가고 싶어서.. 할아버지를 찾아간 적이 있어.

#28. 동물병원 (과거)/ 낮

할아버지의 동물병원을 찾아간 19살 강희.
할아버지와 강희, 격의 없이 친하다.

강희   할아버지. 할아버지가 연수 설득해주심 안 돼요?
할아버지   뭘?
강희   연수랑 같이 서울 가기로 했단 말이에요.
          아는 사람 없는 서울 가서 둘이 자유롭게 대학 생활 하자고.
          근데 갑자기 안 간다잖아요, 연수가.
할아버지   (보다가) 강희야.
          할아버지가 좀 아파.
강희   (놀라서) 어디가요? 많이 편찮으세요? 연수도 알아요?
할아버지   (끄덕이면)
강희   그래서 연수가..!!
          그럼 그렇다고 말을 했어야지.
          얼마나 편찮으신 건데요. (눈물 그렁 보는데)
할아버지   (강희 손 잡아 토닥이며) 할아버지한테 우리 강희는... 손녀딸이나 마
          찬가진 거. 알지?
강희   (끄덕이면)
할아버지   그럼.. 할아버지 부탁 하나만 들어주련?

강희에게 반지함 건네는 할아버지.

할아버지   열어 봐.
강희   (열어보면)
할아버지   이쁘지? 할아버지가 연수 할머니한테 선물한 반지란다.
          연수 할머니 죽고, 순자가 그렇게 달라고 하는데도 안 줬어.
          우리 연수 짝.. 손주며느리 주려고.

강희   (감동하는)

할아버지   앞으로 할아버지가 얼마나 살지도 모르고.

　　　　정신 멀쩡할 때 줄 수 있을런지도 장담할 수 없겠더구나.

　　　　그러니까... 강희야.

강희   (긴장, 감동해서 침 꿀꺽)

할아버지   나중에 연수한테 좋은 짝이 나타나면 니가 전해주련?

강희   !!

할아버지   평범한 집에서 양친 부모 사랑 듬뿍 받고 자란.. 잘 웃고 상냥한 아이

　　　　면 좋겠구나.

강희   (충격으로) !!

할아버지   할아버지 부탁.. 들어줄 거지?

#29. 할아버지 산소/ 낮

연수   (충격으로 멍한) 할아버지가 어떻게 너한테... 말도 안 돼....

　　　　그런 연수 보다가.

강희   모텔 공사는 핑계였어.

　　　　너한테 결혼할 사람이 생겼다는 말에 확인하러 온 거야.

　　　　연수 말문 막힌.

강희   할아버지 말씀이 맞았어.

　　　　천연수한텐 나 같은 쌈닭이 아니라 윤난우처럼 사랑스러운 사람이 어

　　　　울려.

연수   할아버지가 어떻게... 너한테 그러실 수 있어? 왜 말 안 했어? 왜 혼자

　　　　끌어안고 살았어?

난 그것도 모르고... 아무것도 모르고...

강희　(보다가) 니가 좋은 사람 만나서.. 할아버지 약속 지킬 수 있어서 기뻐.

연수　(아니라고 고개 저어 보지만)

강희　(연수 앞머리 흐트려놓고는 씩 웃으며) 하나읍 이 촌구석에서 대대손
손 행복해라. 천연수.

이게 정말 끝이라는 듯 덤덤해 보이는 강희와
미안함에 안타까움에 눈물 글썽이는 연수.
그런 연수를 남겨두고... 강희, 돌아선다.
연수를 등지고 걸어가는데.. 그제서야 떨어지는 눈물.
연수에게 들키지 않으려 눈물 닦지도 않은 채 걸어가는 강희.

#30. 할아버지 산소/ 낮

강희가 주고 간 반지를 보는 연수.
지난날의 후회가 물밀듯이 몰려든다.

-인서트. 터미널/ 과거. (1부 #14)

버스 따라 달리는 연수. 모습 위로.

연수E　그때 그냥... 너 따라 서울 갈걸.

-인서트. 카페/ 과거. (1부 #34)

강희 발견했지만 꼼짝도 못 하고 있던 연수. 모습 위로.

연수E　그때 아는 척할걸.

너 찾아 헤매느라 서울 구석구석 안 가본 데가 없다고 매달려볼걸.

-인서트. 호텔방/ 과거. (3부 #10)

수지 전화 받던 연수.
전화기 들고 욕실로 사라지던 연수. 모습 위로.

연수E　그때 엄마 전화 받지 말걸.
지강희 너만 보고. 너만 들을걸.

절절한 후회 끝에 연수 흐느끼며 운다.

#31. 들길 일각/ 낮

휘청거리는 걸음으로 걸어 내려오던 강희.
파란 하늘 올려다보며 뜨거운 햇살에 눈물 말리고.
가을바람에 눈물 날리고.
마음 다잡는다.

강희　이제 끝.
진짜 끝.

#32. 할아버지 산소/ 낮

연수　할아버지... 할아버지가 지강희 다시 만나게 해줬는데.
내가 또 망쳐버렸어.
나 이제 어떡해. 할아버지... (산소에 엎어지는데)

할아버지E　뭐 하고 있어? 또 후회하고 싶어?
연수　　　!!

연수, 정신이 번쩍 드는. 벌떡 일어나 달리기 시작한다.

#33. 들길/ 낮

연수 마구 달린다.
저 앞에 강희 보인다.
착잡한 표정으로 걸어가는 강희. 이때 강희를 부르는 소리.

연수E　　지강희!! 지강희!!

강희, 저도 모르게 멈칫 서지만.
애써 돌아보지 않고 발걸음 재촉하는데.
어림도 없다. 한달음에 달려온 연수가 뒤에서 강희를 확 끌어안는다.

강희　　!!
연수　　(백허그 풀지 않고) 미안해 지강희.
강희　　...
연수　　내가 놓쳐 놓고.. 내가 상처 줘놓고.
　　　　나만 힘든 척, 나만 아픈 척.
　　　　미안해 강희야.
강희　　(또다시 눈물 나려) ...

#34. 개울 앞/ 낮

넓은 바위들 펼쳐져 있고 종아리 깊이 정도의 물이 흐르는 개울가.
연수와 강희, 흐르는 물 보며 앉아 있다.
(강희는 연수가 벗어서 깔아준 외투 위에 앉은)

연수   그래서 물어본 거야? 윤난우 양친 부모 다 계신지. 사랑받고 컸는지?
강희   (끄덕) 그 말이.. 난 참 쓰라리더라. 난 절대 아니니까. 노력해도 난 안
         되니까.
연수   그래서 나 밀어낸 거야? 할아버지 때문에?
강희   그게 다는 아니지만. 그것도 있었지.
연수   (반지함 만지작거리다) 할아버지가 뭐라고. 이게 뭐라고.

연수, 물에 반지함 던져 버린다.

강희   (깜짝 놀라) 야!!

벌떡 일어나. 반지함이 빠진 물 쪽으로 가는 강희.
망설임 없이 첨벙 물로 뛰어든다.

연수   (놀라서) 지강희!!

#35. 개울/ 낮

강희와 연수, 반지함 찾아 물속 바위틈 뒤지는데.
서로 등 돌린 채.

연수   왜 찾는 건데? 찾아서 뭐 하려구?
강희   찾아서. 윤난우 줘야지.
         나한텐 할아버지 유언이나 마찬가진데.

연수   (물속 찾는 거 멈추고) 바보야. 윤난우 아니라고!
강희   뭐?

        돌아보다가 발을 헛디뎌 미끌. 넘어지는 강희.
        강희야!!
        물에 빠지려는 강희를 안으며 잡는 연수.
        연수에게 안긴 채 가까워진 두 사람. 심쿵 서로 보는데.
        연수, 강희 안은 채 중심 잃고. 같이 풍덩 물에 빠지는.

#36. 개울 앞/ 낮

        물에 빠져 젖은 강희와 연수, 개울에서 나온다.
        젖어서 몸이 무거운 강희, 개울 앞에 털썩 앉으면.
        연수, 벗어둔 외투 가져와 강희 어깨에 덮어주는데.

강희   너도 춥잖아. 감기 걸려. (외투 자락 펼치며 들어오라고)
연수   난 괜찮아. (강희 꽁꽁 싸주는데)
강희   니 옷이잖아. (걸쳐준 외투 벗으러)
연수   (어쩔 수 없이 강희 옆에 앉는)

        연수 외투 덮어쓰고 나란히 붙어 앉은 강희와 연수.

강희   윤난우 아니라고? 왜 아니야? 어떻게 아니야?
연수   너도 알잖아. 하나을 어떤지..

#37. 카페 (과거)/ 낮

인숙 카페에 모인 동창들. 커피 마시며 뒷담 중이다.

용수   천연수, 윤난우랑 병원 차린대.
헌열   그 새끼, 서울 취직한다 그랬다 눌러앉은 게 윤난우 때문이었구나!
        생각 잘했지. 지강희보다야 윤난우가 백배 낫지. 어리고 귀엽잖아, 걔.
인숙   (갸웃) 둘이.. 언제부터 사귄 거지?
진아   그 있잖아. 난우의 발자국.
용수   나눔,의 발자국.
진아   그래, 그거. 둘 다 거기 살다시피 했잖아.

#38. 용수철물 (과거)/ 낮

한우부와 용수부, 농기계 기름칠하며.

한우부   부럽더라. 우리 한우 먼저 보내는 줄 알았는데.
용수부   그래서, 결혼은 언제 한대?

#39. 라라미용실 (과거)/ 낮

라라, 수지의 머리 펌 말며.

라라   수의사 커플! 괜찮다, 야~
수지   나야 뭐.. 연수만 좋다면 반대 같은 거 안 해.
        전문 용어로다.. 오픈 마인드!

#40. 개울 앞 /낮

강희   하나도 안 변했네. 예나 지금이나.

       시니컬한 말투지만. 말끝에 미소 번지는.

연수   (더는 못 참겠다) 너는?
강희   (보면)
연수   그 남자.. 맞아? (긴장한 채 보는)
강희   (연수 보다가 시선 피해 앞만 본 채) 내가 말 안 했었나?
       나 서울 가면 남자 엄청 많이 만날 거고. 그중에 제일 근사한 남자랑
       결혼할 거라고.
연수   근사한 남자가 어떤 남잔데?
강희   춘필 씨랑 딴판인 남자.
연수   !! 그 남자가 그 남자야?
강희   나랑은 딴 세상 사람이야. 누군가 자기를 싫어할 수도 있다는 생각 따
       위 한 번도 안 해봤을걸.
       열등감이란 게 뭔지도 모를 거야. 진짜 꼬인 데라곤 하나도 없어.
       그래서... 보고 있으면. 부러워.
연수   (잔뜩 긴장한 채) 그래서? 그 남자야?
강희   ...가자.

       연수, 더 묻고 싶지만. 더 같이 있고 싶지만
       강희 오들오들 떨고 있다.
       날도 어느새 어두워진.

#41. 모텔 로비/ 밤

       물에 빠진 생쥐 꼴로 들어오는 강희와 연수.
       로비에 있던 한우, 승언과 마주친다.

한우	(강희와 연수 번갈아 보며) 니들 뭐냐?
승언	(얼른 미스터 권 쪽으로 수건 가지러 가는)
연수	뭐가? 밖에 비 오잖아. 비 맞은 거지.
강희	그러니까. 갑자기 비가 쏟아지는 바람에..

승언, 수건 챙겨서 강희와 연수에게 건네준다.

강희	(수건 받으며) 고마워.
연수	고마워. (머리 닦는데)
한우	비가 너희만 조준했냐? 여긴 비도 안 왔는데? (수상쩍게 보는데)

강희와 연수 동시에 에취, 기침하는.

#42. 강희 방 욕실/ 밤

뜨거운 물로 샤워하는 강희. 연수 말 떠올린다.

-인서트. 개울 앞

연수	윤 선생하고 그만하기로 했어. 소문.. 해명하기로.
강희	그래서? 그게 나랑 무슨 상관인데?
연수	그냥. 그렇다고.

강희, 저도 모르게 미소 짓는.

#43. 모텔 로비/ 낮

강희, 기분 좋게 내려오는데.
로비에 트렌치코트를 입고 가을가을 멋을 부린 정구가 앉아있다.

강희   대표님!!

#44. 공사장/ 낮

빨간 트렌치 휘날리며. 손에는 도면 들고 현장 둘러보는 정구.
그 뒤를 따르는 강희와 석경.

정구   목공 작업은 시작도 안 했는데 벌써 분위기 나네.
         와서 보니까 더 기대된다.
강희   (정구 힐 신경 쓰이는) 왜 힐을 신으셨어요?
석경   (역시 못마땅) 또 휠체어 타고 싶으세요?
정구   휠체어 졸업 기념으로 산 신상이야!!
         나 오늘.. 누구 만난단 말야!
강희/석경 오늘이요?/ 누구를요?
정구   강희 씨.. 클라이언트 어때? 젠틀하고 나이스하지?
강희   (석경 눈치 보며 적당히) 뭐...
석경   (나서는) 그럼요. 베스트죠!!
정구   그렇지? 실은... 오랫동안 알고 지낸 사람인데.
         이번 기회에 진지하게 만나볼까 하고.
강희,석경 (동시에 놀라서) 에?
정구   죽을 고비 넘기고 나니까.. 옆에 누군가 내 편이 있으면 좋겠더라구.
석경   (허걱! 강희 보면)
강희   보기보다 나이 많다던데!
정구   나도 보기보다 나이 많아.
강희   애 딸린 홀아빈 건 아세요?

| 정구 | 뭐 어때? 젊어서 상처하고 지극정성 딸 키운 아빠야. |
| 딸을 얼마나 이뻐하는지 몰라. |

석경	(휘둥그레 강희 보는)
강희	…
정구	딸이 좋아하는 곰 인형을 잃어버렸대. 그래서 생일 선물로 곰 인형 선물하고 싶다고.
내가 사다줬잖아. 테디베어. 슈타이프 오리지널.

강희	(너무 놀라 저도 모르게) 그걸 대표님이 사왔다구요?
정구	응! 그 딸.. 지금쯤 대학생 됐겠다. 날 좋아하려나?
석경	(어이없어 웃음 참는)
강희	(어이없어 열받는) 어쩌다 홀아비 된 건지도 들으셨어요?
정구	??
강희	잘 한번 알아보세요. 그 남자... 인생 최대 업적이 여자 후리기래요!
정구	!!

#45. 공사장 앞/ 낮

정구와 석경, 모텔을 향해 걸어가는.

정구	클라이언트 소문이 그렇게 나빠?
석경	클라이언트.. 이름은 아세요?
정구	당연하지. 지.춘.필. 어쩜 이름도 클래식하고 로맨틱해.
석경	지춘필. 지강희... 뭐 연상되는 거 없으세요?
정구	성이 같네.
석경	강희 씨.. 모텔에서 컸다고 했잖아요.
정구	(놀라서 멈춰 서는) ..설마!!!
석경	지춘필 사장님의 무남독녀 외동딸이 지강희라구요.
정구	!!

#46. 공사장/ 낮

공사장 한 켠에 멍하니 앉아있는 강희.

강희   어이없다. 진짜... (하다가)

뭔가를 발견한 듯. 일어나 다가가는 강희.
콘크리트에 찍힌 고양이 발자국 보고. 주위 살피는데.
이때 나타난 고양이 한 마리. 야옹 울며 강희에게 다가오는.

강희   너.. 설마 깜희니? 니가 왜 여기 있어?

#47. 연수 방/ 낮

깜희, 밥 먹고 있고.
강희는 곰돌이 인형 패고 있다.

강희   난 아직도 그날을 생각하면 (퍽퍽)
         자다가도 벌떡 일어나는데 (퍽퍽퍽)
         피가 거꾸로 솟는데 (퍽퍽)
         다정한 남편이었던 척 (퍽)
         자상한 아빠인 척 (퍽퍽)
         여자들한테 뻥이나 치고 다닌다고 춘필 씨?! (퍽퍽퍽)

#48. 병원 (과거)/ 밤

젊은 춘필, 뛰어 들어오면.

연수 할아버지, 연수와 강희 달래고 있다.
연수, 울어서 눈이 퉁퉁 부었고. 강희는 독기로 가득 차 있다.

강희   (춘필에게 달려들어) 어디 갔다 이제 와!
아빠 때문에 내 동생이 죽었어! 엄마도 죽을 뻔하구!!
춘필   (충격으로) …

춘필, 응급실로 들어가려 하는데.

강희   (막아선다) 가! 춘필 씨가 무슨 자격으로 들어가? 나가!!
이제부터 아빠는 아빠도 아냐!!

#49. 연수 방/ 낮

곰돌이 옆에 우두커니 앉아 과거의 아픈 추억을 떠올린 강희,
나가려다 분이 안 풀리는지 또다시 곰돌이에 달려든다.

강희   (곰돌이 째려보며) 뭘 봐? 내가 오늘… 니 출생의 비밀을 알았다고!!
태생부터 맘에 안 들어. 너! 우이씨!!

강희, 이번엔 온몸 던져 퍽퍽 헤딩하는데.
연수 들어온다.
강희와 연수, 둘 다 너무 놀란.

연수   내 방에서 뭐 해?
강희   … (당황해서 아무 말) 이 인형 내 꺼야.
연수   뭐?
강희   내 거 가지러 왔다고.

연수	내 꺼거든.
강희	소용없어.
연수	??
강희	니가 아무리 이런 거 붙들고 있어봤자 우린 안 된다고.
연수	(또 왜 이러지? 불안한) 강희야..
강희	내 동생 죽던 날. 수지 아줌마랑 춘필 씨 같이 있었어.
연수	!!
강희	엄마도, 동생도 죽어가던 그때.

-인서트. 모텔방 (과거)/ 낮

강희 엄마, 배를 안고 뒹구는. 얼굴은 진땀투성이고.
시트는 피로 흥건한.
어린 강희(10살) 어쩔 줄 모르고.

| 강희 | (울음 터진) 엄마! 엄마. 왜 이래!! |
| 강희모 | 아빠 좀 불러줘. 강희야. 아빠 좀.... (기진하는) |

강희	춘필 씨는. 니네 엄마랑 있었다고.
연수	!!
강희	니네 엄마한테 사기 친 그 사기꾼 잡으러 서울 가느라.
연수	(몰랐던. 충격으로)
강희	난 춘필 씨도 수지 아줌마도 절대 용서 안 할 거야.
연수	강희야...
강희	너, 엄마 버릴 수 있어?
연수	!!

#50. 모텔 복도/ 낮

강희, 연수 방문 열고 나오는데.
복도에 서 있던 정구, 춘필과 딱 마주쳤다.
강희, 너무 놀래서 방문 쾅 닫아 버리는.

강희　　(문 막아서며) 대표님??
정구　　(해맑은) 여기가 강희 씨 방이야?
강희　　(춘필 눈치 보며) 예? 네?
정구　　나 강희 씨 방.. 구경 좀 할게! 인형도 잘 있는지 볼 겸.

정구, 문 열려고 하면.

#51. 연수 방/ 낮

당혹스러운 연수, 방문 안 열리게 손잡이 꽉 쥐고.
필사적으로 방문 막는다.

정구E　　문이 잠긴 거야?

#52. 모텔 복도/ 낮

난감한 강희를 위해 춘필이 나섰다.

춘필　　황 대표님. 더 늦기 전에 출발하시죠.
정구　　아, 그럴까요? 강희 씨 나 갈게. 수고해.
강희　　잠깐만요!! 제가 모셔다드릴게요.
정구　　강희 씨가? 아니야. 나 혼자 가도 괜찮아.
강희　　안 돼요. 아직 운전은 무리예요.

정구	혼자 왔는데?
강희	그러니까요. 왕복은 무리예요.
정구	정 걱정되면 금 실장한테 부탁하든가. 강희 씨는 현장 지켜야지.
강희	아니, 저요저요저요! 저 가야 돼요, 서울!
	콘크리트 양생 될 동안 어차피 할 일도 없고... 집에 가고 싶어요.
춘필	(집이란 말에) !!
강희	(춘필과 시선 맞춘 채) 모텔 생활 힘들어요. 내 방 가서 쉬고 싶어요.
춘필	(미간 꿈틀하지만 이내) 그러시죠. 준비해서 내려와요.
	(정구에게) 우린 로비에서 기다릴까요?

춘필, 정구 에스코트해서 가면.

| 강희 | (연수 방문 향해) 들었지? 나 서울 갈 거야. |
| | 어차피 너.. 나 잊을 거였잖아. |

#53. 연수 방/ 낮

연수, 문고리 여전히 잡고 힘주다가
강희, 멀어지는 기척에. 힘 풀리며 털썩.

#54. 모텔 로비/ 낮

춘필과 정구 로비에서 대화 중인.

춘필	다 내 잘못입니다... 필요할 때 옆에 있어주질 못했어요.
정구	...
춘필	우리 강희... 고작 열 살이었는데 얼마나 무섭고 힘들었을까요..

정구   너무 자책 마세요. 잘 컸어요. 강희 씨.
춘필   그러니까요.
        잘 커줘서 미안하고.
        어린 시절 추억들... 간직하고 있어 줘서 고맙고.
        내 인생에 어떻게 이런 선물이 찾아왔을까... 믿어지지 않을 만큼 이
        쁜 딸입니다.

        하는데 강희 내려온다.

#55. 차 안/ 밤

        강희, 정구를 태우고 운전하는.
        정구, 강희 눈치 살피다 말 꺼낸다.

정구   한우 축제 때문에 공사 늦어질 뻔했다면서?
        춘필 씨는 늦어지길 바랬대.
강희   에??
정구   그래야.. 더 오래 볼 수 있으니까.
강희   !!
정구   근데 강희 씨가 마음고생할 건 미처 생각 못 했다고.. 미안해 하더라.
        그거 말고도 미안한 게 아주 많대.

#56. 강희 오피스텔/ 밤

        강희, 들어오며.

강희   집이다!

서울이다!!
(크게 심호흡하고) 이제야 숨이 쉬어지네.
(소파에 털퍼덕) 역시 집이 최고야.
천연수. 니가 이 기분을 알아? (하다가)
뭐래. 여기서 천연수가 왜 나와...

#57. 몽타주

강희가 떠난 하나읍.
저도 모르게 강희 흔적을 찾고 그리워하는 연수 모습 몽타주로.

-모텔 로비
로비에 앉아있는 강희, 연수가 다가가면 사라진다.

-모텔 복도
맞은편에서 걸어오는 강희, 스쳐 지나가고. 돌아보면 없다.

-하나읍 거리
산책하던 연수, 발걸음이 멈추는 곳. 공사장 앞이다.

-언덕
기타 연주하는데. 누군가 앞에 서 있는 듯한. 고개 들어보면 아무도
없다.

-연수 방
연수, 강희 방 쪽 벽 보며.

연수   있다가 없으니까 되게 허전하네...

#58. 모텔 식당/ 낮

연수, 헛헛하고 맛도 없고.
밥 깨작대며 강희가 평소 앉았던 빈자리 흘끔 보는데.
석경이 전화 받는다.

석경   (반갑게) 강희 씨!!

그 모습 부럽게 보는 연수.
넋 놓고 통화 엿듣다가 석경과 눈 딱 마주친.
연수, 화들짝.
안 듣고 있었던 척 위장하느라 만만한 한우에게 얼른 전화 거는데.

한우E   (받자마자) 왜?
연수   (속삭이듯) 이유 없이 전화 좀 하면 안 되나?
한우E   애인이냐? 끊어.
연수   (끊어졌지만 아닌 척 귀에 대고 석경 보는)

석경은 웃으면서 계속 통화하고 있다.

#59. 오피스텔/ 낮

강희, 여유롭게 커피 마시며 통화하는 중이다.

강희   오랜만에 집에 오니까 너무 좋아요.
           심심하긴.
           회사에 내 자리 잘 있나 체크도 하고
           에스더랑 서울 시내 탐방도 하고

할 게 얼마나 많은데요.

#60. 모텔 식당/ 낮

통화 마친 석경, 연수 옆으로 온다.

석경   서울 간 김에 푹 쉬다 오라고 했습니다.
연수   강희... 서울에 밥 먹을 친구는 있습니까?
         회사에도 직장 따돌림 있다던데 혹시...
석경   강희 씨가요? 지강희 씨.. 우리 회사 인쌉니다. 인싸!

핸드폰 열어 사진 보여주는 석경.
창립 파티에서 환하게 웃고 있는 강희,
피티 성공을 축하하며 샴페인 터트리는 강희.
인센티브 받고 환호하는 강희 등.. 사람들 속에서 행복한 모습이다.
연수, 사진 보며 좋고 안심되면서도 서운한.

#61. 동물병원/ 낮

핸드폰 들여다보는 연수.
가득 식경의 프사 사진 보는데.
석경이 보여줬던 창립파티 사진이 있다.
석경의 프사 사진 속 강희 확대해서 저장했다가.. 지웠다가... 착잡한.

#62. 거리/ 낮

강희와 에스더, 쇼핑백 들고 수다 떨며 거리 걷고 있는데.
어!! 동물병원 앞에 멈춰 선 강희.
유리 창문 너머로 강아지 살펴보고 있는 의사. 연수다.
강희, 놀라서 보는데.

에스더 왜요?
강희   아는 사람이요.

강희, 다시 동물병원 보는데. 연수가 아닌 아저씨 의사다.

강희   아.. 아니네.

에스더와 다시 걸어가는데.
강희와 어깨 부딪친 남자.
괜찮으세요? 하는데.
강희, 돌아보면. 연수다.
강희, 얼빠진 채 보는.

에스더 강희 씨!!

강희, 정신 차리고 남자 보면. 그냥 길 지나가던 사람일 뿐. 연수 아닌.

에스더 강희 씨 왜 그래요?
강희   아.. 아는 목소리 같아서...
에스더 어디 들어가서 좀 앉자. 강희 씨 너무 무리했어.

#63. 카페/ 낮

카페에 앉아 과일주스 마시는 강희와 에스더.

에스더   전혀 예상 못 했어요.
강희   뭘요?
에스더   석경이가 시골에 그렇게 오래 있을 줄.
강희   지금쯤 후회하고 있을걸요. 공사장에 일도 없을 때라 심심해서.
에스더   아니던데. 바쁘던데.
강희   ??
에스더   강희 씨 말이 다 맞았대요.
강희   네?

#64. 몽타주

-하나읍 거리
가게들이 줄지어 있는 하나읍. 중심지 거리.
석경이 걸어가면.
가게 문 도미노처럼 열리며. 가게 주인들 나와서 석경 붙잡고 한마디씩.

사장1   공사 때문에 먼지가 하도 날려서 우리 담벼락 색깔 변한 것 좀 봐.
        남는 페인트 있지?
석경   담벼락 청소부터 하시고 (명함 주며) 제 비서한테 연락주세요.
사장2   공사 때문에 낭이 흔들려서 우리 가게 바닥 깨진 것 좀 봐.
        남는 타일 좀 있지?
석경   건물 안전진단부터 하시고 (명함 주며) 우리 반장님한테 부탁해 보세요.
사장3   공사 소음 때문에 우리 식당 손님이 없어 손님이.
석경   맛은 있는지 확인하고. 현장 식당으로 지정하겠습니다.

-모텔 로비

석경이 앉아 있으면. 계속해서 찾아오는 마을 사람들.
석경은 붙박이고. 맞은편의 사람들만 바뀐다.

한우부   부모님 허락은 받았고?
석경   제 인생 파트너는 제가 정합니다.
용수부   지강희, 감당이 될라나?
석경   너무 됩니다.
헌열   모텔집 딸 좋아해요? 옆동네 초록장 사장 딸이 죽이는데.
석경   너나 가지세요.

#65. 카페/ 낮

에스더   진짜로 밤이나 낮이나 시도 때도 없이 찾아오고..
         강희 씨보다 자기네 사돈의 팔촌이 더 이쁘다고 중매 막 넣고.. 바쁘
         대요.
강희   당황스럽네요.
에스더   말해놓고도 설마 했구나.
강희   그게 아니라.. 어떻게 에스더가 다 아는지. 신기해서요.
에스더   친구니까. 우리는 각자 엄마 뱃속에서부터 친구였다니까요.
강희   친구...
에스더   사랑보다 끈질긴 게 우정인 거 알아요? 친구 사이는 영원하니까.
강희   ...

#66. 호수

멀리 모텔 캘리포니아를 바라보며.

강희   친구... 친구 할 수 있을까?

-인서트. 들길(#33)

한달음에 달려와 백허그 하는 연수.

-인서트. 개울(#35)

연수에게 안긴 채 가까워진 두 사람. 심쿵 서로 보는 강희와
연수.

강희   생각만 해도 떨리는데.. 친구 할 수 있을까?

#67. 모텔 로비

강희, 로비에 앉아 있다.
들어오던 연수, 강희 발견하고 화들짝 놀라며.

연수   지강희!!
강희   (인상 쓰며) 뭐야. 나 왜 알아봐? 잊는다더니.
연수   (말문 막혀서 보면)
강희   백곰 효과라고 알아?
연수   ...
강희   잊자 잊자 그럼 더 생각난대.
연수   !!
강희   그러니까 그냥 우리.. 친구로 지내자.

강희, 식당 쪽으로 가더니.

아이스크림 들고나온다.

강희   너도 먹을 거면 오든가.
연수   …
강희   친구 사이에 아이스크림도 못 먹어?

강희, 아이스크림 들고 계단 올라가는데.
그대로 선 연수.
강희, 연수 의식하며 계단 올라가는.
연수, 여전히 움직이지 않은 채 강희 뒷모습 보는.

#68. 모텔 복도

연수, 걸어와서 보면.
강희 방문, 고정장치로 살짝 열어놓은.
연수… 보다가.
그냥 제 방으로 들어간다.

#69. 강희 방

강희, 침대에 양반다리 하고 앉아 아이스크림 놓고 있는.
연수 오는 기척에 숨 멈추고 기다리는데.
방문 열리는 소리.
옆 방으로 들어가 버리는 기척 느끼고.
한숨 내쉬며. 묵묵히 아이스크림 먹는.
이때 갑자기 방으로 들어서는 연수.
저벅저벅 걸어온다.

강희, 긴장했지만 내색하지 않고.

강희   숟가락은? 먹을 거면 숟가락 갖고 왔어야지.
연수   (강희 손에 들린 숟가락 뺏어서 한입 크게 떠서 먹고는)
       숟가락도 같이 못 써? 친구 사이에.
강희   그건 아니지. 친구라도 숟가락은 따로 써야지.
       먹을 거면 빨리 가서 가져오라고.
연수   싫은데. 그럼 니가 다 먹고 없을 거 같은데.
강희   (아이스크림 통 안고 뒤로 물러나며 퍽퍽 떠먹는) 니가 늦게 와서 이
       미 다 먹었거든.
       (입안에는 아이스크림 가득한 상태로 빈 통 보이며) 봐!

       하는데.
       고개 숙여 강희에게 키스하는 연수.
       강희, 너무 놀라 연수 밀쳐내면.

연수   너 나랑 친구 할 수 있어? 난 싫은데.

       다시 키스하는 연수.
       강희, 밀쳐내려 하지만. 연수, 더 세게 강희 머리 잡는.
       아이스크림 숟가락이 툭 떨어지며.
       강희도 연수 목 끌어안으며 매달리는.
       차가운 아이스크림을 입에 머금은 채 뜨겁게 키스하는 두 사람에서.

6부 끝.

운이 좋았습니다.
매력적인 원작을 만났고 열정적인 배우, 감독, 스탭분들과 함께 작업했고
애정하는 공중파 채널 MBC를 통해 투숙객 여러분과 만날 수 있었습니다.

방송이 된 것만도 감동인데 대본집까지 갖게 되다니!!
〈모텔 캘리포니아〉를 사랑해주신 여러분 덕분입니다.
더 재밌는 드라마를 쓰는 것으로 보답하겠습니다.
고맙습니다.

끝으로 저의 첫 번째 팬이자 춘필 씨보다 더 춘필 씨 같은
사랑하는 아빠 故이청관 님께 이 책을 바칩니다.

고맙습니다

이서윤

2025